2026年
日本国
破産

〈対策編 上〉

浅井 隆

第二海援隊

２０２６年　日本国破産〈対策編・上〉

2026年 日本国破産〈対策編・上〉――――目次

第一章　二〇三五年までのタイムスケジュール
――二〇二六年頃に国家破産の大混乱が始まり、二〇三五年頃に最後のトドメがやってくる

第二章　大混乱を生き残るための〝心掛け〟
――あなたを危機管理の天才とするために

第三章　勝ち残るための〝鉄則〟
——あなたが守るべき一五の掟

第四章　対策——基礎編（国内でできること）

※注　本書では一米ドル＝一三〇円で計算しました。

第一章

二〇三五年までのタイムスケジュール
——二〇二六年頃に国家破産の大混乱が始まり、二〇三五年頃に最後のトドメがやってくる

弱い人間はチャンスを待ち、
強い人間はチャンスをつくる。
（オリソン・スウェット・マーデン：作家）

二〇二一年、日本に巨大な黄色信号が点滅した！

二〇世紀が終わろうとしている一九九八年の初夏の暑い日、私はあの「人類文明八〇〇年周期」の発見者、村山節氏の自宅を訪れていた。寝たきりとは言え、子供のような光輝く目で私を鋭く見つめた村山氏は、次の世紀がいかに恐ろしい一〇〇年となるかを真剣に語ってくれた。

「二一世紀は西洋が急速に没落し、東洋が勃興する時代です。しかも、文明や帝国が消滅するようなすさまじいコトが次から次へと起こります。はっきり言ってしまうと戦争、動乱、天変地異そして疫病が荒れ狂う世紀なのです。その混乱の中で、核兵器も使われるはずです。そして、何より悲惨な運命をたどるのは、ヨーロッパでしょう」。

この予言を残して、村山氏はあの世へと旅立って行った。そして、それからわずか三年後の二一世紀の最初の年に、ニューヨーク・マンハッタンの巨大ツインタワーに二機のジェット旅客機が突っ込んで行った。それ以来、インド洋大津波、リーマン・ショック、東日本大震災、新型コロナウイルスの全世界的流行、ロシアによるウクライナ侵攻と世界も日本も次々にパニックに襲われた。

しかし、これらはまだ序の口に過ぎない。村山氏が予言した「文明が崩壊するほどのすさまじいこと」が、これから起きようとしている。

では、その恐るべき出来事の正体とは何か。その手掛かりは、次の数字の中に隠されている。その数字とは「三・九」。これは何かの暗号か。あるいは日付か。いずれにせよ、これこそが私たち人類の運命を決める決定的な数字なのだ。

実は、これは今現在私たち人類が抱えこんでしまった借金の総額なのだ。その額は円ベースで三・九京《ケイ》円。つまり、三京九〇〇〇兆円だ。一兆円ですら想像もつかない額なのに、その三万九〇〇〇倍という途方もない金額だ。

なにしろ、今世紀に入って、ITバブル崩壊、リーマン・ショック、新型コロナウイルス大流行、そしてロシアによるウクライナ侵攻と、予想だにしなかったことが次から次へと起こって経済がパニックに陥るたびに、世界中の中央銀行は金融緩和を実行し金利を下げてきた。そして政府も財政出動を繰り返し、結果としてマネーを大量に撒き散らした。それが永遠に続くかのように錯覚した企業も人々も、低金利をいいことにお金を借りまくった。あげくの果てに、この史上最大の借金の山を築き上げてしまった。

そして、そのタイミングでインフレがやってきてしまった。ＦＲＢを筆頭に慌てた世界中の中央銀行が、史上まれに見る急速なスピードで利上げをスタートした。こうして、借金に膨大な利息が付き始めている。旧約聖書のバベルの塔のごとく、天に向かって突き上がった「借金の山」に崩壊の時が迫っている。地獄がやってこようとしている。「全世界債務危機」という、阿鼻叫喚の世界が私たちを待ち受けている。

そして、その地獄への行進の先頭に立っているのが、この日本なのだ。

二〇二二年は、日本国政府の借金にとって黄色信号が点滅し始めた重大な年だ。二〇二二年の年末も押し迫った一二月二〇日に、日銀が突然の「政策変更」の発表をした。その結果、市場はパニックに陥った。金利は急上昇し、為替

（ドル／円）は一気に五円も円高となり、株価は急落した。四月以来、国債市場のゆがみを突き続けた市場に日銀もついに屈し、政策の修正に追い込まれた。これまでの十数年というもの、海外勢による日本国債への売り仕掛けは何度となく日銀に撃退され失敗続きだった。しかし、ついに今回、その日銀の鉄壁の守りが突き崩された。まさに〝歴史的瞬間〟だった。

主要先進国の強大な中央銀行に市場が勝ったのは、ジョージ・ソロスが一九九二年にポンド売りでイングランド銀行を打ち破って以来の出来事だ。いよいよハイエナどもは、日本の死臭を嗅ぎつけた。日本の国家破産の幕が切って落とされたのだ。その経緯について、少し詳しく説明しよう。

国家破産に向けて動き始めた日本

それは、二〇二二年四月のことだった。ロシアの一方的な侵攻で、短期決戦を見るかに思われたウクライナ情勢は、ウクライナ軍の粘り腰でキーウ陥落を免れ、この時期には膠着《こうちゃく》状態に入りつつあった。

世界がその動向に注目する中、日本の金融界にはそれとはまったく別の重大な出来事が起きていた。四月一五日午後、日本国債先物市場でダイナミック・サーキット・ブレーカーが二度も発動されたのだ。

サーキット・ブレーカーとは、先物市場やオプション市場などで相場が大きく変動し過熱感が出た時に、一時的に取引を中断することで取引参加者の過熱感を鎮める措置のことを言う。元々は電気配線の漏電やショート（短絡）によって発生する事故を防ぐための仕組みのことで、家庭などの電気配線に組込まれているブレーカーもまさにその一種だ。金融市場には、営業時間中に取引可能な上限・下限の値幅が前日の帳入値段（通常は終値）を元にあらかじめ決められている「静的サーキット・ブレーカー」と、直近の約定値段（売買が成立した値段）を元に制限値幅が決められる「動的（ダイナミック）サーキット・ブレーカー」があるが、先物市場では価格の連続性を維持する目的からダイナミック・サーキット・ブレーカーが採用されている。

取引を管轄する日本取引所グループによると、この日大口の売り注文が入ったことで制限値幅を超える売買が成立しそうになったことを受け、取引を中断したという。しかし、実はこれはそうそうあることではない。いや、たとえばこれが株式市場の特定の銘柄であれば、ストップ高やストップ安になることはそう珍しいことではない。非常に多くの市場参加者が売買を行ない思惑が働く中で、そうした大きな値動きが生じることは日常的にあるからだ。

しかし、国債先物市場はそうではない。取引に参加するには非常に大きな資金が必要となるため、基本的には機関投資家筋と金融機関などのプロが主な参加者である。そして日本国債は、黒田総裁が金融緩和を開始して以降、日銀がなかば「仕手本尊」（取引価格を意図的に誘導する中心的存在のこと）よろしくひたすら買い支えてきた。プロならば、日銀を相手に勝負を挑んでも勝ち目がないことはよく知っている。資金力がモノを言う勝負の世界で、圧倒的な資金力を誇る中央銀行にケンカを売っても、まず勝ち目はないからだ。

しかしこの時、潮目は変わっていた。世界中で進展する急速なインフレによって、各国とも利上げを敢行しインフレ抑制に動き始めていたのが背景だ。これに対し日本は、先進国では事実上日本だけという「低金利政策」を継続していた。このいびつな状況に、海外の投機筋が目を付けたのだ。〝売り浴《あ》びせ〟を掛けることでより多くの売りを呼び、圧倒的な売り攻勢で日銀を打ち負かせるかもしれないという思惑が働いたのだ。

その様子を、二〇二二年四月二六日付の日本経済新聞はこんな見出しで伝えている。「日本国債売り、背後に海外勢　日銀政策『たが』外し狙う」――記事では、二〇二一年にオーストラリアで国債を売り浴びせ、豪政府の利回り目標を撤廃させた成功経験が外国人投資家を勢い付かせていると報じ、実際に二〇二二年に入ってすでに三回、上限を試されていることから、次の標的が日本であることを指摘している。そして外国勢による国債売り攻勢は、以降何度も日銀に襲い掛かることとなる。

そして六月一五日、国債先物市場で再びサーキット・ブレーカーが発動する。この時は、中心限月である九月限の国債先物が二日で二円九二銭の大幅安を記録、市場では「日銀の政策修正を試す仕掛け的な売り」（ロイター二〇二二年六月一五日付）という見方がもっぱらと報じられた。

売り攻勢を仕掛ける海外勢は、こんな思惑を抱いている。


今から三〇年前、英国が欧州為替相場メカニズム（ERM）からの離脱を急遽決めたことで、ヘッジファンド界の大物、ジョージ・ソロス氏が英ポンドの空売りポジション（持ち高）から一〇億ドルを超える利益を手に入れた。ヘッジファンドはもう一九九二年当時のような金融界の巨人ではないかもしれないが、ソロス氏の賭けを描写する際によく使われるフレーズを拝借するなら、「銀行を倒す（break the bank）」ことを夢見る投機家はまだ存在する。今回、投機筋が目をつけているのは、英イングランド銀行ではなく日銀だ。

（英エコノミスト誌二〇二二年六月二五日号）

日銀に堂々と〝宣戦布告〟する投資家も現れた。「日銀が屈するまで日本国債をショート」（空売り）する（ブルームバーグ二〇二二年六月一四日付）——英ヘッジファンド、ブルーベイ・アセット・マネジメントの最高投資責任者（ＣＩＯ）マーク・ダウディング氏（ロンドン在勤）だ。ダウディング氏は、日銀のイールドカーブコントロール（ＹＣＣ）は「維持不可能」と断言。そして、実際に「かなりの額の日本国債をショートしている」と明かしている。

結果から見れば、この四月から六月までの断続的な売り攻勢は、日銀による防衛成功という形で終わった。しかし、この攻防で日銀はさらなるリスクを抱え込むことになった。六月単月だけでも一六兆円もの国債を買い込んだのだ。金融緩和政策の出口は、さらに遠のいた。

春から夏に掛けて、海外勢の国債売り攻勢をしのいだ日本だったが、秋の訪れと共に次なる攻防が始まった。と言っても、再びの国債売りではない。次なる主戦場は、〝為替相場〟だった。

二〇二二年年初の時点で、代表的な為替であるドル／円は一ドル＝一一五円近辺であった。ドル／円は二〇一七年以降、一貫して一ドル＝一〇五円から一一五円の狭いレンジに収まり小動きに終始していたが、二〇二一年春頃から本格化した世界的なインフレとこれに対抗する各国の利上げの影響から、徐々に円安基調となって行った。

潮目が変わったのが、ロシアのウクライナ侵攻だ。かつてならば、こうした有事には安全資産の一角とみなされてきた日本円に買いが集中し、円高になることが常だったが、しかし今回はそうならなかった。むしろ、円売りが加速したのである。五月初旬には目安となる一三〇円台に突入し、いよいよ円安進行のムードが高まってきた。

ここにきて為替動向が変化した大きな要因が、先進諸国と日本の間に生じた「金利差」だ。為替の動向を決定する要因は様々あるが、それぞれの通貨での金利差は短期的に為替が動く有力な要因になり得る。

具体的に見てみよう。米ドルの金利が二％、日本円の金利が一％、為替が一ドル＝一〇〇円とする。一〇〇万円を日本円で一年保有すると、一〇〇万円×

一％＝一万円の利息が付くのに対し、一〇〇万円を米ドルに替えて一万ドルにして一年保有すると一万ドル×二％＝二〇〇ドルの利息が付く。仮に一年後も為替が一ドル＝一〇〇円なら、利息は二万円だ。米ドルにした方が有利なのだから、円売り／ドル買いの取引が活発になる。円は売られて安くなり、相対的に米ドルは高くなるというわけだ。

実際はこれほど単純な構図ではないのだが、ただ金利差が為替の取引動向に影響力を持つということは確かだ。そしてそのことは、「二〇二二年の日米の金利政策の差によって生じた急激な円安」という形で証明された。

ＦＲＢは、二〇二二年二月まで政策金利を〇・二五％に固定していたが、インフレの高進を受けて二〇二二年三月から急ピッチでの利上げを敢行している。三月には〇・二五％引き上げて〇・五％、五月にはさらに〇・五％引き上げて一％、六月と七月にはそれぞれ〇・七五％という大幅な引き上げを行ない、一・七五％、二・五〇％に引き上げている。しかもこれに留まらず、九月と一一月にも〇・七五％ずつ引き上げ、最終的に四・〇％にまで引き上げたのだ。

異例とも言える急速な利上げについて、ＦＲＢのパウエル議長は「家計や企業に何らかの痛みをもたらすだろう」と認めつつも、「物価の安定を取り戻せなければ、もっと大きな痛みになる」と述べている。たとえ一時的に経済や市民生活に負のインパクトがあろうとも、インフレを鎮静化させることを最優先に行なうという、並々ならぬ覚悟を感じる。

一方の日本は、アベノミクスで掲げた「二％の物価目標」を達成すべく、ひたすら低金利政策を実施してきた。インフレが本格化した二〇二二年に入っても、その方針は堅持している。というか、ことここにきて、利上げはしたくてもできないというのが実情だ。なぜなら、金利を上げれば金融機関の財務は急速に悪化し、さらに日銀すらも債務超過に陥るからだ。

どういうことか。まず、銀行をはじめとした金融機関は、大量の日本国債を保有している。ここで金利が上がれば、相対的に保有する国債の時価評価は下落する。銀行の財務は時価会計であり、財務内容が悪化すれば経営に大きな悪影響が出る。最悪の場合、倒産という事態もあり得ない話ではない。

また、日銀にとっても非常に厳しい事態となる。現在、日銀の当座預金残高は五一〇兆円弱（二〇二三年一月二〇日現在）となっている。金融機関から買い上げた国債の代金などがこの当座預金に振り込まれているわけだが、金利が上がれば当然この預金にも付利（利息を付ける）する必要がある。付利しないという考え方もあるが、これは現実的ではない。私たちが普段使う銀行預金にもまともな利息が付かなくなり、取り付け騒ぎに発展するか、あるいは銀行が独自に付利して莫大な損失を被るか、という事態になるからだ。では付利するとして、仮に二％付利すれば日銀の損失は一〇・二兆円弱に膨らむ。一方、日銀の自己資本は一一兆円ほどしかなく、ほぼ債務超過状態に陥るわけだ。

こうした事態も、一時的であれば多少逃げ道はあるかもしれない。しかし、インフレが高止まりし現在に比べて高金利な状況が長引けば、当然日銀の債務超過、財務の悪化は常態化する。これは、元をたどれば莫大な国債を抱えるゆえであり、日銀もろとも日本の信用は大いに失墜することとなる。国債も円も海外勢を中心に一斉に売り浴びせられ、大暴落するだろう。

話を戻そう。こうした背景もあって、すでに日本は低金利政策から抜け出せない状況になっている（まるで末期の麻薬中毒者のような状態）。よって、アメリカを筆頭に利上げが金融政策の趨勢となっていた二〇二二年、日本はそれとは逆行する形で長期金利の指標となる新発一〇年国債利回りの上限を〇・二五％と定め、これを固守してきた。政策金利も、マイナス〇・一％と極めて低く抑えられている。結果、時を経るごとに急ピッチで日米金利差が拡大し、それに呼応して急速に円安が進行したわけだ。

二〇二二年九月に一ドル＝一四五円超えという二四年振りの円安水準となると、市場関係者のみならず一般国民にも「これはまずいのではないか」という空気が流れた。さすがに危機感を感じたのか、日銀が二四年振りのドル売り／円買い介入を実施したものの、残念ながらこの介入は結局のところはかばかしい結果とはならなかった。それも当然である。通常、こうした為替介入は「協調介入」と言って、他国と合意の上で協力しながらやって初めて効果が見込めるものだからだ。たとえばＦＲＢと協調して、日本でもアメリカでもドル売り

／円買いをするという格好だ。

しかし、この時ＦＲＢはそんな日本の事情に付き合っていられる状況になく、またその道理もなかった。なにしろアメリカは、インフレを封じ込めるために景気の大減速を覚悟で急速な利上げをしているのである。必然的にドル買いが優勢となり、米ドルが独歩高となる状況を作り上げているのに、そこでわざわざドル売りのオペに協力して利上げの効果を減退させる道理などない。仕方なく日銀は、単独介入という「ひとりぼっちの戦い」に挑むこととなったのだ。

私は後日、懇意にしている財務省関係者や日銀関係者などに当時のことを聞いたところ、こんな答えが返ってきた。「あれは、日銀の連中も成功すると思ってやったんじゃないよ」――一般の人が聞いたら驚くような話かもしれないが、私は「ああ、なるほどな」と思った。

つまりこうだ。単独介入という時点で実効性に乏しいことは、日銀や財務省の関係者たちのようなプロにはすぐにわかる。それでもやるのは、あくまでポーズであり、国民や政治家に対するパフォーマンスであると。財務省も日銀も、「円安の悪影響を看過せず、できる手立ては講じましたよ」という弁明のためにやったということなのだ。なんとも情けない話だが、コトはそれだけではすまない。情けないだけでなく、実はこれには深刻な問題も含んでいる。

為替介入というのは、日本円を円高や円安に誘導するために日銀が行なうものだが、介入するためには元手が必要となる。そして、円安誘導の介入は原理上いくらでもできるが、円高に向けた介入には限度がある。

高い円を安くするには、「日本円を大量に売りに出して行けば」よいため、極論をすれば日銀が円を大量に発行して対応することができる。これに対し、安い円を高くするには、日銀は「ドルを売って円を買う」という取引を行なう必要がある。したがって、売り出す「ドル」を持っている必要があるのだ。

この原資に用いられるのが外貨準備だが、政府・日銀が保有する外貨準備が一八五兆円（二〇二二年一〇月現在）だ。しかし、このすべてが現金ではない。八割ほどは米国債で、為替介入を行なうためには米国債を売りに出さなければならず、いっぺんに使うことはできない。つまり、すぐに使えるのは外貨預金

2022年、日米の金利差は大きく開いた

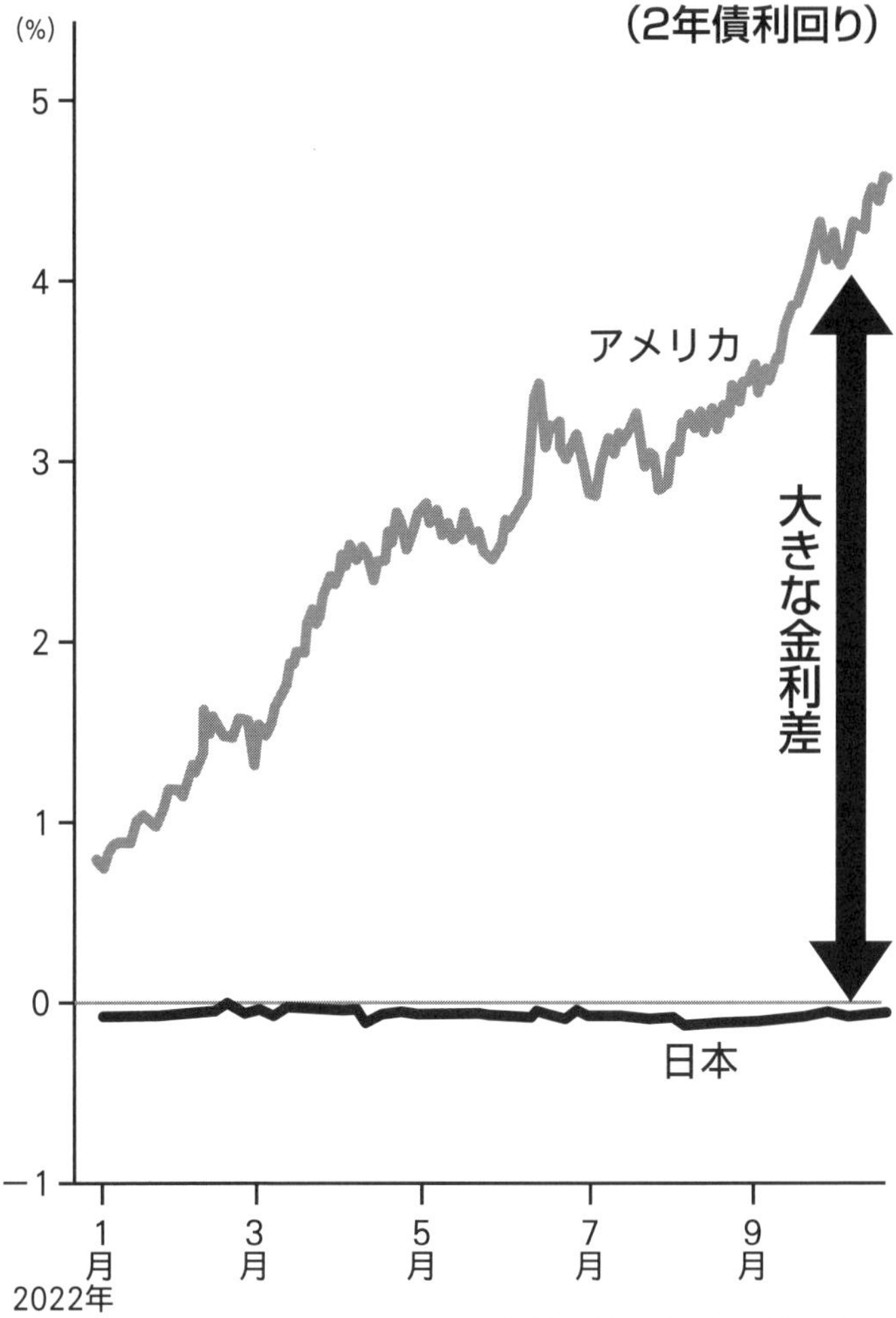

日本経済新聞のデータを基に作成

残高の二〇兆円程度ということなのだ。

これが、円高誘導の介入に限界があるというゆえんだ。実際、急速な円安によって日銀は九月、一〇月の二ヵ月だけで大きな介入を二回実施（覆面介入も含めると数回）しているが、この期間の日銀の外貨準備残高を見ると八～九兆円程度減っており、これが介入の原資になっていることがわかる。すぐに動員できる外貨準備の半分程度を使っているということだ。もし、今後もたびたび円安が急進し、そのつど為替介入を行なって行くと、そう遠くない将来に「タマ切れ」となるのはほぼ間違いない状況だ。米国債を売り続けて対応する手もあるが、アメリカがそれを容認するかは極めて不透明だ。また、俗に「空売り」と呼ばれる米ドルを「借りてきて売る」という方法もなくはないが、借料が掛かる上にいずれは返さなければならず、より大きな損失を被る危険もある。

このように、日銀は国債でも為替でも苦境に立たされている。そして、そこから抜け出す方法は、どれも極めて難しいものばかりだ。

国債売りについて言えば、目標金利を撤廃し金利が上昇するに任せればよいわけだが、そうすれば国債価格は暴落し、金融機関は財務の悪化で倒産するところも出るかもしれない。日銀は債務超過に陥り、円の信認も失墜するだろう。とても容認できるものではない。

為替にしても、円安を放置すればよいが、著しい円安が輸入インフレを招くことになれば、国民生活は壊滅的打撃を受ける危険がある。さりとて、円高誘導は原資に限りがあり、いずれ限界を迎えることになる。

唯一救いがあるとすれば、世界中が景気後退してインフレが鎮静化し、各国が利上げから利下げに転じるという状況だろう。こうなれば、必然的に内外金利差は縮小し、円安圧力は弱まる。もはや神頼みに近い話だが、残念ながらそれも実現の望みは薄いだろう。

〝世界的インフレトレンド〟が日本を押し潰す！

恐らく、現在のインフレトレンドは一過性のものではない。その要因は主に四つだ。「グローバル化の後退」「慢性的な人手不足」「地政学リスクの台頭」そして「世界レベルで増え続ける債務残高」だ。

新型コロナウイルスの世界的流行によって、あらゆる国がヒト、モノの移動を大幅に制限した。グローバル化の象徴とも言えるサプライチェーンは至るところで分断され、物流規制が段階的に緩和されても、引き続きモノ不足が起きるという現象が頻発した。グローバル化の進展に伴って製造業を中心に採用されてきた「ジャストインタイム」方式の弱点が露呈したことが大きい。

「ジャストインタイム方式」とは、必要な部品や材料を大量生産・大量在庫するのではなく、「必要な時に必要なだけ作り、調達する」という仕組みで、コストを抑えながら商品を無駄なく迅速に生産できることが長所だった。グローバル経済下では、国をまたいだ分業とサプライチェーンがこれを支えてきたが、コロナ禍によってその仕組みが崩壊したのだ。

特に顕著だったのは、日本の自動車メーカーだ。二〇二一年から二二年に掛けては、半導体不足で完成車メーカーは生産計画をたびたび下方修正、また自動車の供給網も不安定になった。そこへ、ロシアのウクライナ侵攻が起きて原材料価格が上昇し、さらに部品生産などの中核となっている中国でのロックダウン、そして円安によるコスト上昇が追い打ちを掛けている。

この事態を受け、製造業では「デュアルソーシング」（生産の内製と外注を並行して行なう方式）、「マルチソーシング」（外部委託先を複数にして調達を確保する方法）、「ジャストインケース」（在庫を多く確保し、調達先を複数確保して非常時に備える方式）など、様々な工夫でサプライチェーン維持を図っている。

しかしながら、これらはいずれも従来の「ジャストインタイム」に比べて在庫に掛かるコストや発注数分散による単価の上昇といった、コスト増加要因になる。さらに、原材料費の高騰と海外でのインフレによる人件費などの高騰も相まって、コスト上昇圧力が高まる。

グローバル経済下では、一国のインフレが他国の生産コストの上昇要因になりやすく、結果的に他国にもインフレが波及しやすい。人件費もその要因の一つだ。そして、コロナ禍以降は慢性的な労働力不足が世界的な潮流となっている。たとえばアメリカでは、景気後退入りがささやかれているにも関わらず、失業率が三・五％と五〇年振りの低水準になっている。ユーロ圏でもユーロ導入後の二〇年間で失業率は最低を記録、オーストラリアやカナダ、韓国でも金利上昇に関わらず労働市場はひっ迫している。ＯＥＣＤによると、加盟三八ヵ国の二〇二二年八月の失業率は四・九％で、加盟国の八〇％でコロナ禍前かそれを下回る水準だという。

こうした状況を受け、労働市場はかつてないほどに堅調を維持している。アメリカの労働者の賃金を見ると、日本の賃金がいかに上がっていないかを思い知らされて、がく然とするだろう。業種別の平均時給は「接客・レジャー」が一九・三五ドル（約二五一六円）、「輸送・倉庫」は二七・七二ドル（約三六〇四円）といずれも高く、日本のそれと比べても破格の高額である。アリゾナ州にある小さなレストランでは、従業員を集めようと時給を一四ドル（約一八二〇円）から二〇ドル（約二六〇〇円）に引き上げたものの、思うように人が集まらないという。その近所のピザ店も、時給を一八ドル（約二三四〇円）から二三ドル（約二六〇〇円）に引き上げたが、経営は厳しくもはや限界だという。

米国労働統計局（ＢＬＳ）の雇用データによると、二〇二二年四月の平均時給は三一・八五ドル（約四一四一円）という。これに対し、アルバイト情報を取り扱うディップ株式会社によると、日本の平均時給は一一二〇円（二〇二一年一二月）で、四倍近い差がある。統計の時期や統計の方法などが異なるため単純比較はできないものの、これだけの差があるというのは驚きだ。

このような高額の報酬が提示されているのに、なお人手が少ないのには理由がある。コロナ禍によって、シャカリキに働く今までの生き方を見直し会社をリタイアする人々がいる一方、賃上げによって労働力を確保する動きによって、より条件の良い勤務先を求めて次々と人が流れて行ってしまうという循環もできているのだ。また、新型コロナウイルス対策の支援金が支給されたため、働かずにいるという人もかなり多いという。いずれにしても、このトレンドは一過性のものではなく、労働力不足は慢性的に続くと見た方がよい。

三つ目の「地政学リスク」とは、目下のところウクライナ侵攻が最大のもののだが、懸念はここだけに留まらない。「アラブの春」以降、米ロの代理戦争の様相を呈している中東でも、新たな危機が発生する危険がある。核開発問題がくすぶるイラン、イスラエル・パレスチナ問題に大きく関わるイラクの新政権のゆくえ、NATO加盟国ながらイスラム化によって脱欧米、中東化への傾倒が懸念されるトルコなど、不安要因に事欠かない。アジアでは、北朝鮮が度重なるミサイル発射による挑発行動が不測の事態を招きかねず、また中国は習近平主席が三期目に突入し、覇権国家への意思をさらに強化するものと見られる。

目下の焦眉《しょうび》は、台湾問題だ。二〇二二年八月上旬にナンシー・ペロシ下院議長が訪台、その後も八月下旬に米議員団が訪台し、アメリカが台湾への継続的関与を示すとこれに中国が反発、台湾周辺で六日間にわたる軍事演習を行なった。なかば「威嚇」のような対応だが、台湾はアメリカにとって太平洋覇権の要衝《ようしょう》である一方、中国にとっても太平洋進出の重要な橋頭保《きょうとうほ》（攻撃の拠点として敵地に築く陣地）となるため、対応が先鋭化しやすいのはごく自然なことだ。

こうした要因に加えて、根本的な問題として世界の債務残高の激増がインフレ基調の極めて大きな要因となっている。国際金融協会（ＩＩＦ）が発表する「グローバル債務モニター」によると、二〇二一年の世界の債務残高は三〇三兆ドルと過去最高になったという。コロナ禍からの経済回復のため、新興国を中心に政府の借り入れが増えたのが主要因だ。政府が借り入れを増やした、というのは、言い換えればそれに対応するマネーが大量に供給されたということだ。

実際、主要各国のマネーストックＭ２（金融機関から経済に供給される通貨総量を表す指標。日本では日銀が定期的に公表する）を見れば一目瞭然だ。日本では二〇二一年が前年比六・四％増、二〇二〇年が六・五％増となっている。中国の直近の数字では、二〇二二年一〇月末現在で前年同期比一一・八％というかなりの増加だ。アメリカでは、二〇二二年に入ってからは若干減少基調にあるものの、二〇二〇年と二一年にＭ２が急増している。特に、二〇二〇年五月時点では前年比二三・一％の増加と極めて突出しており、アメリカがいかに大量のマネーを供給したかを物語っている。

二〇一〇年代に到来した「世界的低金利」というトレンドは、借金大国日本にとってある意味でとても都合の良い状態だった。しかし、前述したように様々な要因が二〇二〇年代がインフレ・高金利トレンドの時代になることを指し示している。もはや、日本には逃げ場はない。

国債の売り崩しによる国債暴落と金利急騰か、円安是正の為替介入がタマ切れとなり円が急落するか、あるいはその両方か。あるいは金利上昇も円安も、段階的に受け入れて行くという選択もあるのかもしれないが、いずれにしても日銀が現状の低金利、円高を将来的に維持し続けることは、まず不可能だ。

そしてそれは、早々に証明されることになった。年も押し迫った一二月二〇日、昼に行なわれた日銀会合で日銀が〇・二五％程度に設定していた長期金利の変動上限を〇・二五％から〇・五％に拡大することを突如として発表したのだ。事実上の利上げを容認するこの発表によって、金融市場には激震が走った。

株式市場はちょうど昼休みだったが、昼休みがない日経平均先物は発表直後から暴落、遅れて動き出した株式市場も暴落し、日経平均は一時八〇〇円以上も値下がりした。金利変動が特に影響する為替も、内外金利差縮小の思惑から

アメリカのM2が異常な伸びを示している

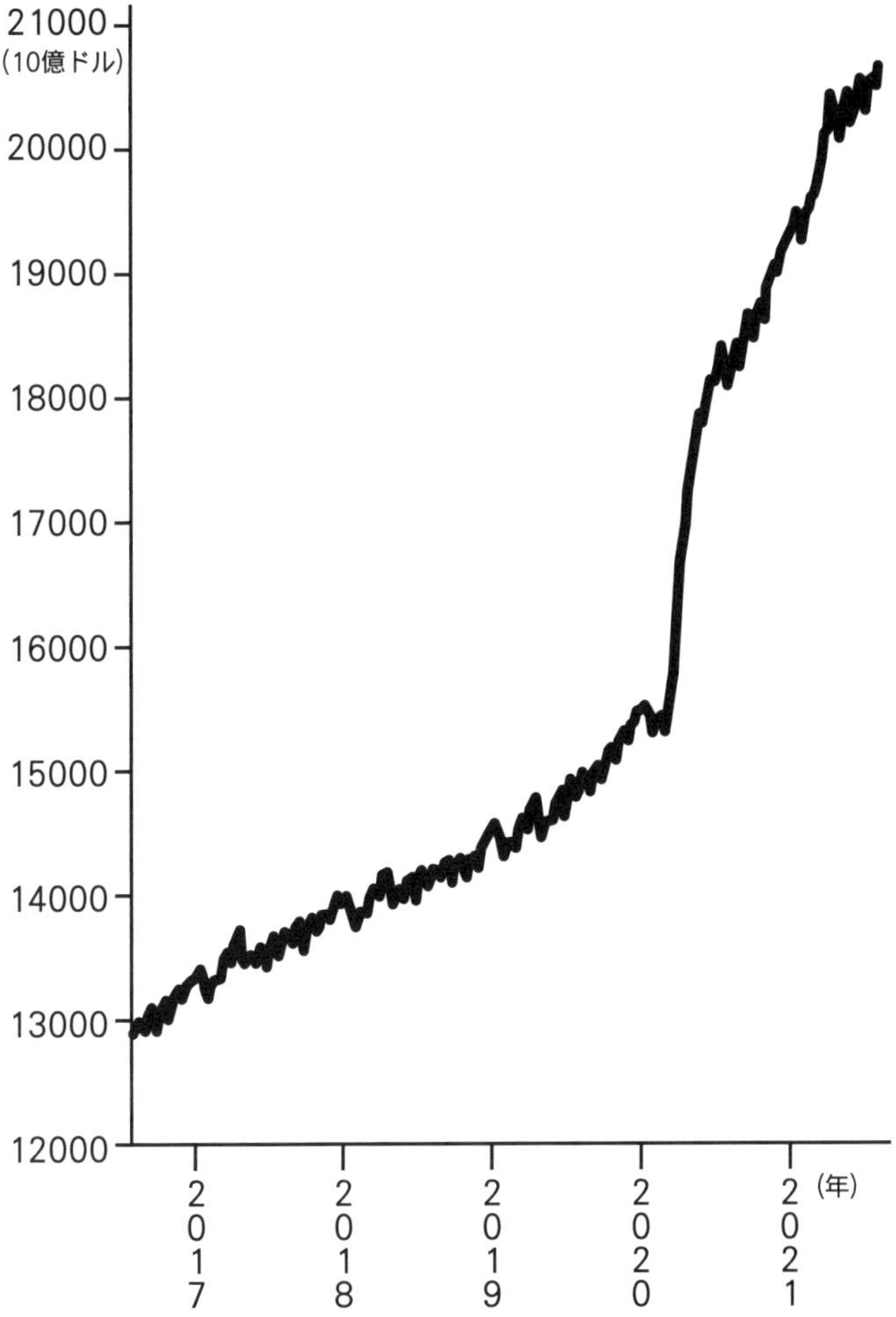

Board of Governors of the Federal Reserve System(US)のデータを基に作成

一気に五円以上も円高に振れた。

この日銀によるサプライズは、金融市場を激しく刺激したという意味で、激動の二〇二二年を象徴する出来事であった。しかし、その意味するところは「刺激」どころではすまない、極めて重大なものである。

これまで黒田日銀は、一〇年にもわたる大規模金融緩和の路線を頑なに堅持してきた。二〇〇八年の金融危機以降、世界中が金融緩和で危機回避を図ってきたが、二〇一〇年代半ばにもなるとアメリカを筆頭に先進国では緩和縮小の「出口戦略」を模索し出した。その試みは、結局のところ新型コロナウイルスの世界的流行によって逆戻りしたわけだが、米欧は曲がりなりにも「緩和縮小」を念頭に金融政策を動かしてきたのだ。しかし日銀は、こうした世界の潮流を一顧だにせず、ほぼ唯一〝わが道を貫いて〟きたのだ。

その日銀が、突如として緩和縮小に舵を切ったのである。これは、極めて重要な歴史的転換点と言えるだろう。しかも、この利上げが物価目標達成の結果としての出口戦略を模索するものではなく、世界的インフレと利上げの潮流から投機筋による日本国債の空売り圧力になかば屈する形であったのも重大だ。

その容認幅は、たかだか〇・五％と小さく、アメリカの長期金利（三・五～四・〇％：二〇二二年一二月下旬）と比べればまだ三・〇～三・五％以上の開きがある。空売り勢にとっては、まだまだ「お楽しみ」の余地があるわけだ。

そして今回は、ごくわずかではあるが日銀に「土を付けた」格好である。彼らがさらに勢い付くのは自明だ。二〇二三年以降も、日本国債を巡る攻防が熾烈《しれつ》を極めて行くのは間違いない。したがって、一二月二〇日に起きたような市場の動揺はこれからもたびたび起きると思っておいた方がよいし、こうしたインパクトが起きるたびに日本の金融、財政はボディブローのように重いダメージを負って行くことになるだろう。

そしてさらに最悪なことに、この状況にはすでに〝出口がない〟ということも重大だ。前述の通り、金利抑制の国債買いを続ければ為替が暴発する、さりとて無制限の金利上昇を容認すれば、金融機関の財務が悪化し金融危機になる。さらに日銀も債務超過に陥り、ほどなくしてさらなる日本円の暴落と金利の加速度的上昇を招くだろう。もはや、「完全に詰《つ》み」なのだ。

浅井隆の未来予測――二〇三五年までのタイムスケジュール

ここまでは、二〇二二年に日本に起きた極めて重大な出来事と、それがどのような危険性を秘めているのか、日本の置かれている現況を含めて見てきた。それを踏まえて、日本にこれから先どのような厄災が降り掛かってくるのか、可能性の高いシナリオを「タイムスケジュール」として挙げ、日本の将来をシミュレーションしてみたい。

二〇二三〜二四年　一時的小康状態だが、マグマはさらに溜まって行く

前述した通り、二〇二二年の日本国債、日本円を巡る攻防は、昨年限りでおしまいとはならない。二〇二三年以降も引き続き繰り広げられ、むしろより熾烈を極めることになる。すでに海外投資家勢は日本の内外金利差の大きさ、財

政の異常さを十分過ぎるほど理解しているため、引き続き猛攻を仕掛けてくるだろう。二〇二二年はたまたま日銀に軍配が上がっただけで、いずれどこかのタイミングで日銀がギブアップする日がくる。これはもう〝時間の問題〟で、それが早いのか遅いのかというだけの話だ。

もし、仮に国債の攻防で日銀が負ければ、国債は暴落、金利は急騰し、日本経済への大打撃は必至だ。金利水準がどこまで上がるかは、見当も付かない。少なくとも、アメリカの金利水準くらいには跳ね上がっても不思議ではないだろう。アメリカの利上げ上限（ターミナルレート）は、FOMC参加者の予想によると二〇二二年一二月時点で五％と見込まれているが、サマーズ元米財務長官などは六％の可能性にも言及しており、少なくとも五％あるいはそれ以上と考えられる。

このような急激な相場変動は、金融、経済、財政のあらゆるところにごく短期間で極めて甚大な悪影響を与える危険が高い。最悪、そのインパクト自体が日本の国家破産の決定的一撃になることすらあり得る。

そんな事態は、当然政府も財務省、日銀も容認するはずがない。したがって、度重なる海外勢の売り攻勢に対して、日銀は何度でも徹底した防戦で応じることになる。一二月二〇日のサプライズのように、時には不意打ちの金利上限引き上げを実施することもあるかもしれない。

ただしかし、金融緩和の基本方針は維持し、金利水準を低く抑え込むという路線は変わらない。すると、ここで奇妙な状況ができ上がることになる。二〇二二年末に「すわ、金利上昇か!?」とざわめき立ったのがウソのように、比較的穏やかな状態が続くことになるのだ。国債先物市場では熾烈な大勝負が繰り広げられているのに、国民生活には主だった負の影響が感じられないのである。

そうなると、人々は油断をする。売り浴びせを受けている日本国債をさらに発行して、政府・自民党はさらなるばら撒きを推し進めるだろう。二〇二三年度の当初予算は、過去最大の一一四兆円あまりと想像をはるかに上回る水準だったが、二〇二四年度、二五年度の予算はこれをさらに上回り、一二〇兆、一三〇兆円の高みに達するかもしれない。

また、インフレ対策として生活保障のための補正予算も組まれるだろう。爆発寸前のところにさらに爆薬を積み上げるような愚かな危険行為だが、そんなことはお構いなしだ。政治家たちは、今もやっているように足しげく財務省を訪れ、担当の役人たちを呼び付けて「いいから金を出せ！　俺に楯突けば、お前らなんかすぐクビにしてやるぞ‼」などと怒鳴り付け、屋上屋《おくじょうおく》（無駄なこと）を重ねるようにばら撒きの予算を積み上げるだろう。

おそらく、この時期の金利水準は、日銀が段階的に金利上昇を容認して行ったとしても〇・八〜一・〇％前後に留めるだろうと見ている。それ以上に金利上昇を容認すれば、売り圧力が急激に高まり、いかに日銀でも耐えきれなくなるためだ。心ある有識者や専門家たちの間には、「二〜三年以内にも日銀の債務超過が起きるのではないか」という動揺が広がるものの、多くの国民はそんなことも一顧だにせず、「借金を積み上げても何も起こらないじゃないか」と完全に高を括《くく》るだろう。「国はいくらでも借金し、日銀はいくらでもカネを刷ればいい」——それは明らかに幻想なのだが、そうした世論がますます優勢になって行くだろう。

一方の不安要因である為替も、この時期は落ち着きを見せるだろう。二〇二二年に一ドル＝一五二円間近という直近最高値を付けた為替は、一服感もあって二〇二三年は円高傾向で推移する可能性が高い。一三〇円台前半を中心に、上下一〇円程度の振幅はあるかもしれない。とは言っても、おおむね穏やかに推移し、一一〇円台の極端な円高回帰も、二二年の再来のような円安進行もあまり見られないだろう。

ただ、為替に関しては、ゆくゆく恐ろしいことが起きる可能性に特に注意しておきたい。それは、「ある時点」からすさまじいスピードで進む可能性だ。

その「ある時点」とは、おおよそ一六〇円近辺にある。ここは、テクニカル分析上非常に重要なポイントで、もし円安が一六〇円で天井を打たずそのまま突き抜ければ、その瞬間に一方的な円安が止まらなくなる可能性があるのだ。

超長期のドル／円のチャートを見れば一目瞭然なのだが、一六〇円から二〇〇円台の間には、参考とすべき過去の相場目安がない。相場の世界では「窓が開く」という言葉を使うが、一九八五年のプラザ合意以降、日本円は二〇〇円台から一六〇円台まで、ほとんど一方的に円高が進んだ。その結果、この区間には底や天井といった目安がほとんどできなかったのだ。

こうした「窓が開いた」レンジというのは、往々にしてそこを逆方向に進む時も急速かつ一方的に進行しやすい。投資家たちが取引の際によりどころの一つにする、相場の「心理的目安」がないためだ。そのため一六〇円を突破してしまうと、大した反発もないまま一気に二〇〇円まで進んでしまう危険がある。

もし、二〇〇円台まで円安が進行してしまうとどうなるか。ここから先の領域は、過去の相場を見ても非常に変動が激しく、大荒れになる可能性がある。大まかには二五〇円と三〇〇円に目安があるが、非常に短期間にこの水準に到達する可能性も十分にある。おそらく、最大の心理的目安である三六〇円が節目となるが、長期的にはこれすら突破して行くことも考えておかねばならないだろう。

おそらく、二〇〇円を超える頃には、日銀も単独介入などという悪あがきは

（プラザ合意後）のチャート

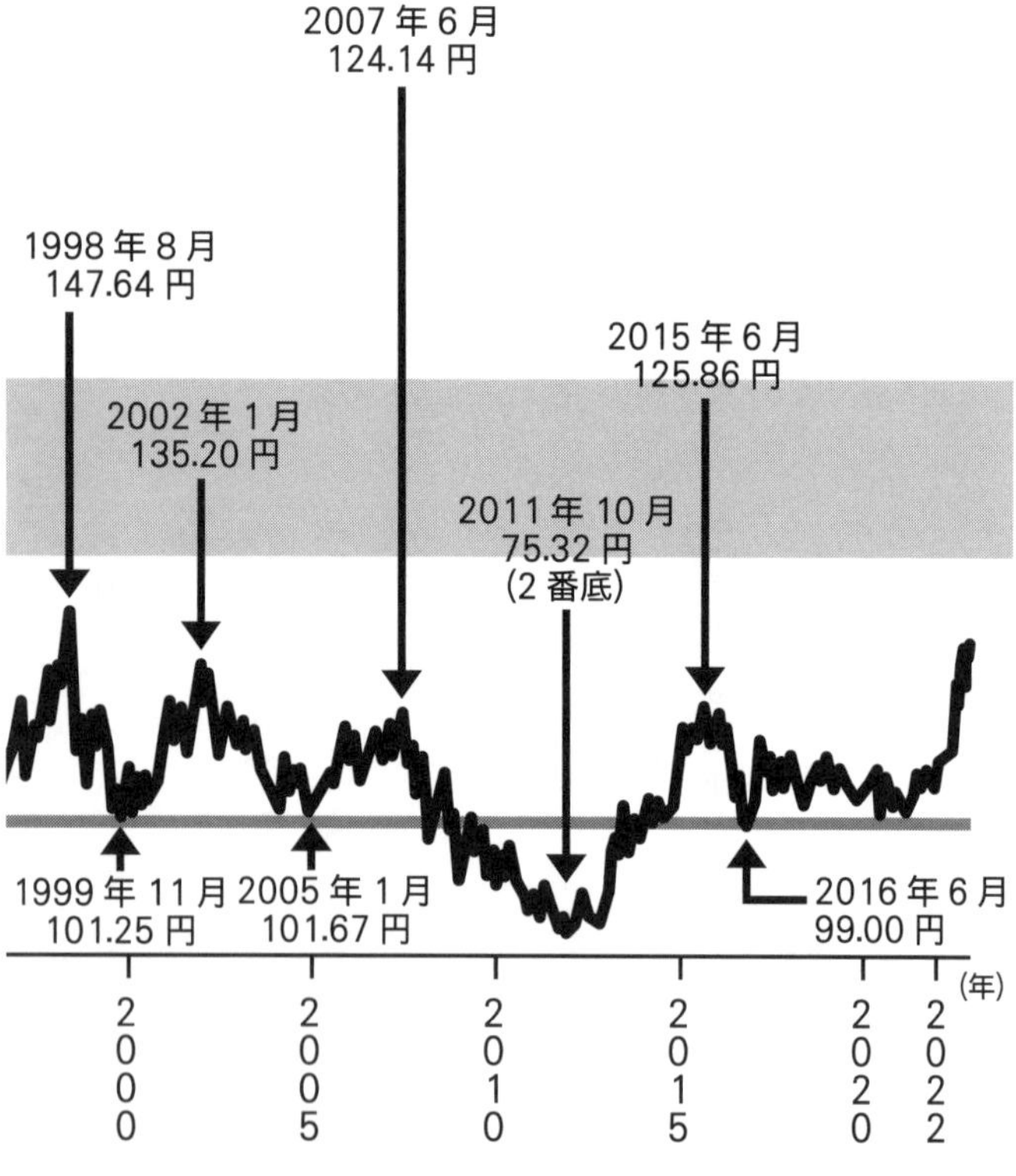

2007年6月
124.14円
1998年8月
147.64円
2015年6月
125.86円
2002年1月
135.20円
2011年10月
75.32円
（2番底）
1999年11月
101.25円
2005年1月
101.67円
2016年6月
99.00円
（年）
2000
2005
2010
2015
2020
2022

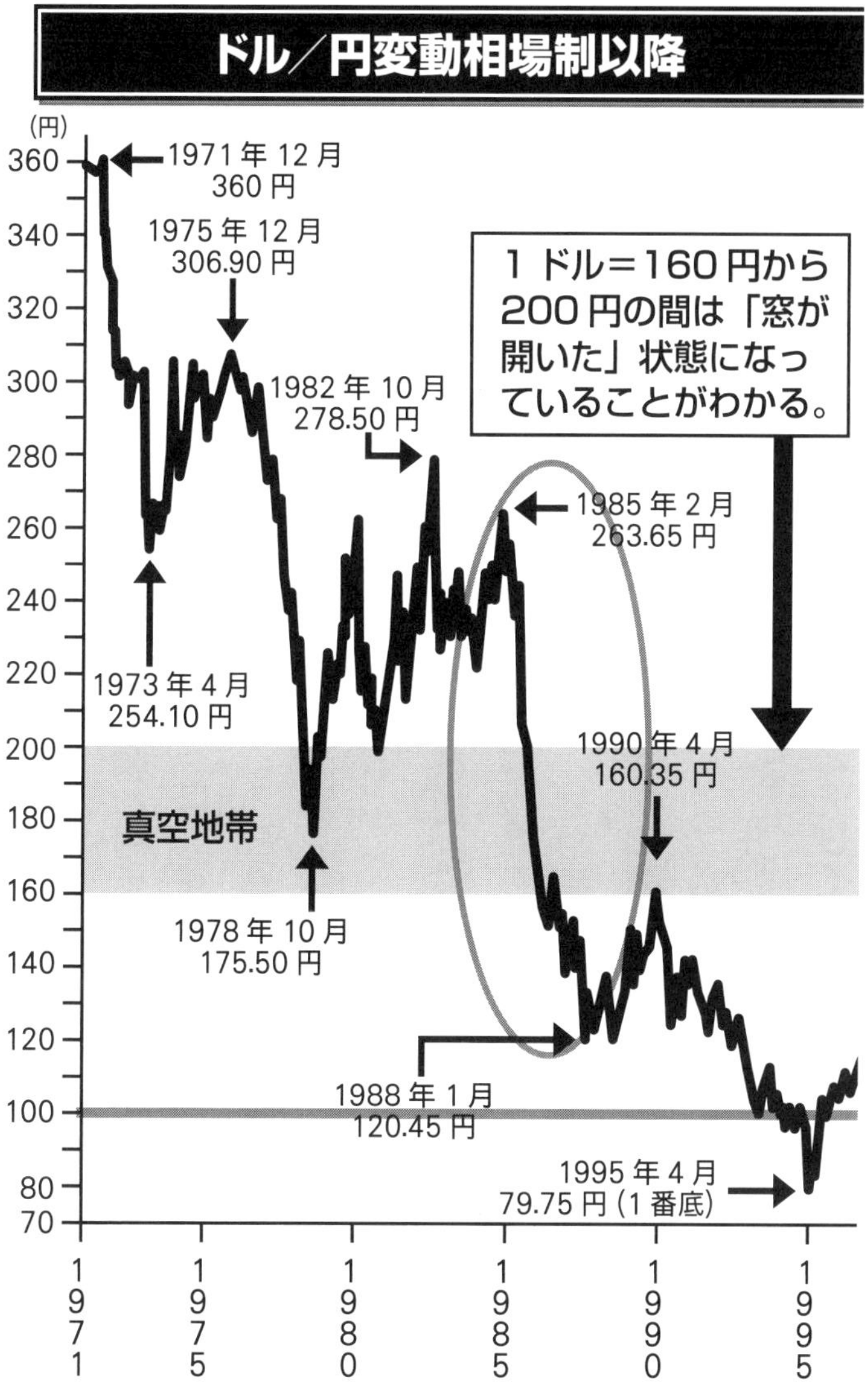
ドル／円変動相場制以降
(円)
360
340
320
300
280
260
240
220
200
180
160
140
120
100
80
70
1971年12月
360円
1975年12月
306.90円
1982年10月
278.50円
1973年4月
254.10円
1985年2月
263.65円
1978年10月
175.50円
真空地帯
1990年4月
160.35円
1988年1月
120.45円
1995年4月
79.75円（1番底）
1ドル＝160円から200円の間は「窓が開いた」状態になっていることがわかる。
1971
1975
1980
1985
1990
1995

もうしなくなっているかもしれない。それどころか、円安の元凶である金利誘導政策すら事実上放棄している可能性もある。国債も為替も市場原理に任せるという、「白旗降参」だ。こうなると、本格的な円安が進行する危険がある。

その水準がどの程度のものになるかを占うのは難しいが、たとえば一ドル＝五〇〇円や一〇〇〇円といった水準は十分に射程圏だと考える。なぜなら、日本はかつてそれよりもひどい円安を経験しているからだ。

考察　歴史的に見て、円安はどこまで進み得るのか

一つの思考実験として、太平洋戦争前後の為替を参考に、日本円がどこまで円安になり得るのかを考えてみる。

世界恐慌の爪痕がまだ深く残る一九三二年を起点に、終戦後の固定相場制開始の一九四九年までを見れば、日本が経験したすさまじさがよくわかるだろう。そして、それが再び起きる可能性があることもわかる。

一九三二年は、中国大陸への日本進出が進展していた年で、第一次上海事変、

満州国の建国などがあった年だ。この年のドル／円は一〇〇円当たり四九ドル（一ドル＝二円強）で、戦前の円高期の水準と見ることができるだろう。

それから七年後の一九三九年、日本は中国との戦争に突入し（日中戦争）、ノモンハン事件によってソ連とも決別する。戦時体制に向けて社会が急速に変化したこの年、ドル／円は四・二五円にまで下落していた。七年のうちに、倍以上の円安（円の価値は二分の一以下）になったということだ。

その後太平洋戦争を経て、一九四五年に終戦を迎え、ＧＨＱが進駐すると軍用交換相場が定められ、実質的に為替が再開した。最初は一ドル＝一五円に設定されたものの、戦時債務の濫発と戦後のモノ不足から苛烈《かれつ》なインフレが起き、軍用レートはたびたび引き上げられた。一九四七年三月には一ドル＝五〇円、一九四八年七月には一ドル＝二七〇円となった。そして、一九四九年二月、ドッジラインが制定されるとインフレは終息、深刻な不況に陥ったものの、円の価値が安定したことで固定の為替レートが設けられた。一ドル＝三六〇円の始まりである。

これらの数字を改めて並べてみると、四九ページの図のようになる。驚くべきはその円安幅だ。一九三九年の四・二五円から一〇年後の一九四九年には三六〇円と、約八四・七倍にもなったのである（正確には円の価値は八四・七分の一）。戦後の為替で考えると、最高値の七五・三二円（二〇一一年）を起点にすれば一〇年後の二〇二一年には一ドル＝約六三八〇円になったという計算だ。

これが一九三二年にまで遡《さかのぼ》ると、さらにすさまじい。当時は一〇〇円当たり四九ドル強だったが、これを一ドルに換算すると二円ちょっとである。そこから考えると、戦後の固定レートに至る一七年間で為替は約一七〇倍弱にまでなったという計算だ。これを二〇一一年の戦後最高値に当てはめて計算すると、二〇二八年に一ドル＝約一万二八〇〇円になるという話だ。

この数字は、戦争と敗戦、米軍進駐という特殊要因があったからこそという考え方もできる。しかしながら、為替の変遷とは短期的には様々な思惑が絡んで大きく上下動するものの、長期的・巨視的視点でとらえればおおよそ国力差を反映している。これだけの円安が進んだということは、裏を返せば日本経済

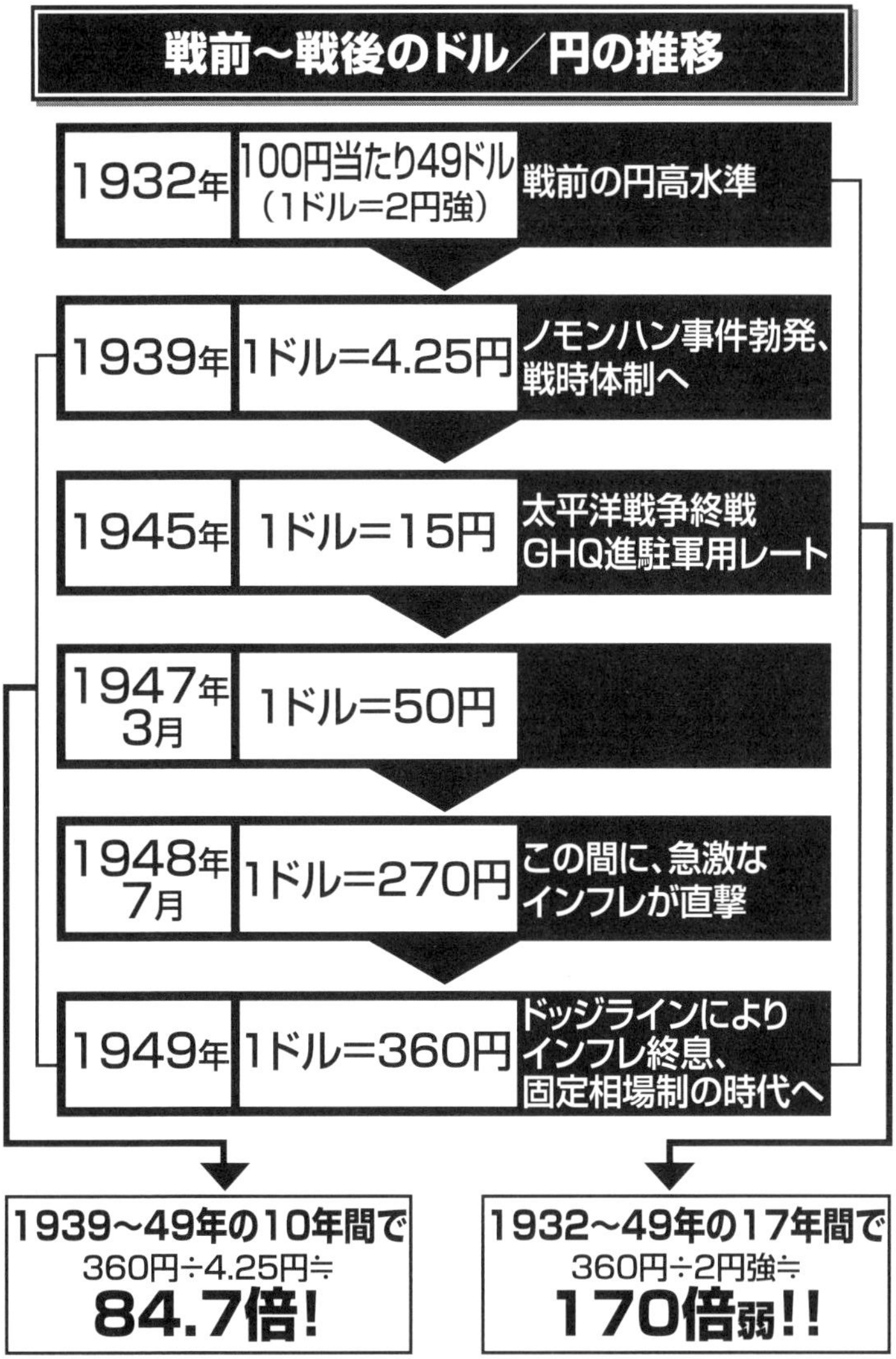
戦前～戦後のドル／円の推移
1932年
100円当たり49ドル
（1ドル＝2円強）
戦前の円高水準
1939年
1ドル＝4.25円
ノモンハン事件勃発、
戦時体制へ
1945年
1ドル＝15円
太平洋戦争終戦
GHQ進駐軍用レート
1947年
3月
1ドル＝50円
1948年
7月
1ドル＝270円
この間に、急激な
インフレが直撃
1949年
1ドル＝360円
ドッジラインにより
インフレ終息、
固定相場制の時代へ
1939～49年の10年間で
360円÷4.25円≒
84.7倍！
1932～49年の17年間で
360円÷2円強≒
170倍弱！！

がこれだけ衰退したという表れだ。

実際、戦争とは経済、財政の観点では公共事業の特殊形態とみなすことができる。戦後のインフレも、物資不足が決定的要因であるにせよ、莫大な政府債務によって通貨が乱発されたという側面は非常に大きい。

戦後すぐの政府債務は、正確な数字は定かではないが、占領地で発行した軍票なども含めると約二〇〇〇億円強とも言われる。一方の国富は、一九四六年の時点で四〇〇〇~五〇〇〇億円と推計されている。国富の実に約四割が政府債務というわけで、いかに無謀な財政出動をしていたかが伺える。しかも、この債務でやっていたのは経済を活性化させる鉄道や道路作り、産業振興などではなく、ひたすら戦地で破壊・消耗される武器や兵器類である。

翻《ひるがえ》って現代日本はと言うと、二〇一八年末の国富が三四五七・四兆円、一方の政府債務は二〇二〇年度末で約一二〇〇兆円強となっている。国富に占める政府債務の割合は約三五%だ。敗戦時の日本の財政状態にどんどん近付いて行っている。

そして、これだけの借金で何をしているかと言えば、「新型コロナウイルス対策の支援給付」と「年金」「介護」「医療」である。これらはいずれも社会的意義が大きい「福祉」的性質のものであるが、しかし後々にリターンを得られる「公共投資」ではない。

こうして比較してみると、借金で「何をしたか」は違うものの、「借金で行き詰まっている」ということに変わりはないことがわかる。つまり、その後に起こるインフレや円安といった事象も、同様に起きるだろうということも容易に想像できる。先ほど七五円が一万二八〇〇円になったという試算をしたが、一〇年もすればこれが現実のものになっていることすらあり得る、ということは念頭に置いておいた方がよいだろう。

さて、二〇二三年のような穏やかな時期とは未来永劫続くものではない。むしろ、穏やかな小康状態が「破局」の破壊力を何十倍にも高めることになる。そして、地下のマグマが限界まで溜まって大噴火を起こすように、あるいは頑強無比《がんきょうむひ》の堤防が大豪雨で決壊し街や田畑を飲み込むように、国家破産というすさまじい経済災害が私たちを飲み込むことになる。

この時、長期金利はアメリカ並みの五〜六%で留まることはなく、最悪の場合二桁台まで一気に駆け上がるだろう。また、円安も目安の一六〇円を軽々と突破し、約四〇年振りの一ドル=二〇〇円台に乗せるだろう。こちらも最悪の場合、固定相場制の三六〇円を一気に目指す可能性すらある。

そのごく小さな予兆は、二〇二四年後半から年末にも訪れる可能性がある。「国債の格下げ」だ。投資適格ギリギリのトリプルBまで引き下げられることで、特に金融機関を中心として様々な負の影響が生じ、ちょっとしたパニックになるだろう。しかし、大多数の国民の生活に直結するほどのインパクトはなく、「騒ぐほどには何も起こらない」という油断した空気をさらに増長させる。

ただ、平穏な日々はここまでだ。二〇二五年に発生する「重大事件」によって、砂上の楼閣である日本の財政は破滅への大崩壊を始めることになる。

二〇二五年　天災（または大事件）の勃発と混乱

運命の二〇二五年、私たちに襲い掛かってくるものとは、はたしていかなるものなのか。特に可能性があるものとして、私は「東南海大地震」と「台湾有事」に注目している。

日本周辺には「太平洋プレート」「フィリピン海プレート」「北米プレート」「ユーラシアプレート」という四つのプレートの境界がある。そのため、日本は地殻変動による大地震が起きやすい。実際、世界中で発生するマグニチュード六・〇以上の地震の約二割が日本で発生しているという。当然、火山活動も活発になりやすく、歴史的にも多くの天災に見舞われてきた。

こうした、地殻変動による大地震には周期性がある。たとえば、二〇一一年三月一一日に発生した東日本大震災は、約一一〇〇年前の貞観年間に発生した「貞観地震」と震源、規模共に類似しており、恐らくほぼ同一の仕組みによるものと考えられる。実際、東北太平洋岸の沿岸には、当時の津波の到達点付近に神社や津波碑が建てられ、先人たちの戒《いまし》めが残されていた。

一九二三年に発生した関東大震災は、首都圏を直撃し一〇万人以上の死者・行方不明者を出したが、発生メカニズムを検証すると元禄地震（一七〇三年）との類似性が認められ、二〇〇～四〇〇年周期で地震が発生すると考えられている。ほかにも紀伊半島から遠州灘に掛けての海域で一〇〇～二〇〇年周期で発生すると考えられる東南海地震、紀伊半島の紀伊水道沖から四国南方沖を震源域として一〇〇～二〇〇年周期で発生すると考えられる南海地震、首都東京エリアにある断層（プレート同士の境界ではなく、プレート内に生じる地盤のズレ）が要因となる首都直下型地震などがある。

実は、そのいずれもが前回発生から長い時間が経過しており、周期的に発生する時期にきているのだ。発生すれば甚大な被害をもたらすこれら大地震について、内閣府も様々な情報を発信して警戒を呼び掛けている。

たとえば、首都直下型地震は今後三〇年で七〇％の確率で発生するとされ、その被害想定は死者二万三〇〇〇人、経済被害は九五兆円にものぼると試算される。また、東南海・南海地震では死者一万二〇〇〇～一万八〇〇〇人、経済被害は最大で五七兆円と試算されている。東日本大震災による被害は、死者一万五九〇〇人、行方不明二五〇〇人あまりで震災被害想定は一六〜二五兆円規模と見積もられた。実際の復興費用は、一〇年間で三二兆円を費やしている。このことと考え合わせると、首都直下地震による実際の復興費用は一二〇〜一九〇兆円、東南海・南海地震では七五〜一〇五兆円規模を要すると推定される。

東日本大震災の時、すでに政府債務は相当なレベルに膨らんでいたものの、まだアベノミクス前であり、さらに為替も戦後最高値圏であったため、復興に向けた経済余力は確保できていた。しかし、前述した通り日本の金融・財政はこの一〇年あまりでゆがみ切ってしまった。そして、二〇二三〜二四年に掛けて国債暴落、円急落が起き国力が大幅に低下すると、これほどの規模の震災は国家にとって致命傷になりかねない。

ある経済・財政の専門家に尋ねたところ、「東南海や首都直下、関東大震災がくれば、もう日本は復興不能」と語っていた。国家が復興に乗り出したくても、財源を確保できない状態になるためだ。むしろ、大地震が「とどめの一撃」となって日本を国家破産の地獄に叩き落とすことになるだろう。

私は、東日本大震災との連動性の観点、また工業地帯が集中する太平洋ベルトへの甚大な被害の観点から、東南海地震の発生を特に憂慮している。これ以上ないほどの財政悪化の中でこの大地震が起きれば、専門家の言葉通り、この国は再起不能の破滅を迎えることだろう。

また、震災以外にも大きなイベントリスクが想定される。その筆頭は「台湾有事」だ。ただ、ロシアがウクライナに侵攻したように、中国軍が台湾に武力侵攻する可能性はかなり低いだろう。先述した通り、アメリカも台湾については継続的に関与し続ける意向であり、もし中国が武力侵攻すれば経済制裁のみならず、台湾軍への支援や武器供与など様々なバックアップを行なうだろうことは明らかだ。ウクライナのように情勢が膠着《こうちゃく》してしまえば、国際的な風当たりも強くなる。何より、中国は「孫子」の国である。戦わずして勝つことを至上とし、狡猾《こうかつ》に策を巡らせて台湾を取り込んで行くだろう。

どのような形での「侵略」が考えられるかについては、元航空自衛隊空将で、世界の軍事情勢にも詳しい織田邦男氏の見識が大いに参考になる。私は織田氏と何度か対談しているが、その際に台湾問題についても優れた見識を披露していただいた。詳細は拙著『徴兵・核武装論〈下〉』（第二海援隊刊）をご参考いただきたいが、織田氏いわく、中国の戦略は「熟柿作戦」であるとのことだ。

「熟柿作戦」とは、「柿が熟したら〝ぽとっ〟と落ちるように」台湾が抵抗をあきらめるような状況を作り出し、自然に属国となるように持って行くという作戦だ。たとえば、台湾軍の高官が退役すると、中国はその退役高官に好待遇を与えて中国本土に住まわせているという。台湾の権力層を取り込み、その権力者たちに関わりの深い人々をも取り込むことで、台湾内部での反中意識を削《そ》いで行くという、実に「賢い」やり方だ。

また二〇一七年以降、中国軍の爆撃機が台湾の東側に当たる宮古海峡やバシー海峡を航行し、中国本土に帰投するといった作戦をたびたび行なっているが、これが初めて行なわれた時、台湾国内では激震が走り、株価が暴落したという。台湾の対中防空網は主に中国本土に近い西側に張られていたが、この演習によって中国は東側からでも台湾に侵攻できることが示されたためだ。

このように、台湾が「抵抗しても無駄ではないか」と独立をあきらめるように中国は軍事・非軍事含めあらゆる手立てを尽くし、「機が熟す」のを虎視眈々と狙っている。また、これとは別にアメリカの隙《すき》を狙って「電撃作戦」とでも言うべき短期的な作戦に出る可能性もある。

ロシアは二〇一四年二月に突如クリミア半島に侵攻し、電撃的に実行支配を確立したが、これと同様の作戦を用いるというものだ。いわゆる「ハイブリッド戦争」と言われるもので、正規の軍隊だけでなく民兵やゲリラを使った非正規戦、サイバー戦、情報操作やデマ、フェイクニュースといった情報戦をも組み合わせて仕掛けてくるというものだ。

織田氏が指摘した「ハイブリッド戦争による台湾実効支配」のシナリオを『日本は第2のウクライナとなるのか!?』(第二海援隊刊)から引用しよう。

―――
織田　たとえば、台湾は島外との通信網として海底ケーブルが敷設されています。これは三ヵ所で場所も公表されていますが、これを切断すれば外とのやり取りの九七%が不能になります。これは本当に簡単で、潜水艦なども必要ありません。特殊部隊を使って陸上に出ている場所を切断すればいいだけです。残りの三%は衛星などですが、これはジャミング（妨害電波）をかければ一発です。外部との情報のやり取りを、実に簡単に完全に遮断できるわけです。

台湾で行なわれるハイブリッド戦争は、大規模な軍隊を用いずに行なわれると想定されます。「制脳戦」とも表現されますが、台湾の人々に「これはもうダメだ。中国に降伏しよう」と思わせるやり方です。それには人々を不安に陥れるのが重要です。たとえば、朝起きたら突如海外とのやり取りができなくなっている、テレビも見られない、ラジオも聞こえない。なんなんだこれは！　という状況を作るわけです。こうなると、人々は極度の不安に陥ります。

そして、ロシアがクリミア半島でやったように国民党の親中派が出て来て、アジ演説を打つわけです。「我々は元々一つの中国の民族ではないか。今こそ、平和のうちに融和を目指そう」などとやる。人々は混乱と不安の中にありますから、「この状況で我々が戦っても勝ち目もないし、中国と平和に解決した方がいいのではないか」となるわけです。闘争する気力をへし折り、自らひざを折るように仕向けるわけですね。クリミア半島では、そうした手を使ってわずか三週間で住民投票を行ない、併合して行ったのです。

こうした「台湾の方からひざを折る」ように仕向けるやり方は、私は十分に可能性があると思っています。

そして、アメリカにすら文句の付けようがない実効支配をいかに確立するかも、ロシアのクリミア侵攻が大いに参考になる。

織田　ロシアがどのようにやったかというと、スペツナズ（ロシアの

特殊任務部隊）が、階級章も付けず、国旗も付けずにある日突如として潜入したわけです。周囲から見れば、どこの国かわからない、何をする人かもわからない、でもロシア語は喋っている、なんだろうという人たちです。そして彼らは、テレビ局、政治中枢など要所を抑えたのです。中国も、これを応用すればよいわけです。

具体的には、ヘリボーン作戦（前線部隊をヘリコプター空輸で行なう作戦）で、五〇〇〇人程度を台湾に送り込みます。中国本土から台湾までは高々百数十キロメートルですから、十分に可能です。一〇〇機くらいのヘリコプターを深夜に飛ばし、レーダーにジャミングをかけて一気に部隊展開し、五〇〇〇人くらいで要所を抑えるわけです。総統府に行って蔡英文を拉致し、政府やマスコミなどを抑えれば作戦は成功です。後は、国民にデマを流せばよいのです。「蔡英文はアメリカに亡命した」と。いかにもそれらしい合成映像なども作って流せば、完璧でしょう。

（同前）

平和ボケした今の日本では、「本当に中国がそんなことをやってくるのか⁉」とのんきなことを考える人も多そうだが、私は中国がこのような作戦を用いて台湾を奪取《だっしゅ》する可能性は十分にあると考える。なにしろ、中国の覇権樹立に向けて「太平洋進出」は極めて重要な一歩であり、アメリカと同盟関係にある日本は大きな障壁である。

その日本が、世界中から売り浴びせを受けて財政も為替も瀕死の状態となれば、これは絶好の機会だ。世界第三位の経済大国を叩きのめし、壁を無力化すべくもう一押ししてくるだろう。つまり、台湾を手に入れて日本の経済に打撃を与えるのだ。唯一の懸念はアメリカの出方だが、台湾世論が自ら中国入りを望めば、アメリカが介入できる余地は極めて少なくなる。そうなれば、中国は台湾周辺で好き放題にやって、日本経済を大混乱に陥れることができるだろう。

中国が台湾を実効支配し、南沙諸島からバシー海峡を通るシーレーンを妨害し放題になれば、日本の輸出入に甚大な影響が出るのはまず間違いない。

少し古い情報になるが、笹川平和財団が二〇一四年六月三〇日に配信した考察によると、南シナ海のシーレーンが妨害される事態で生じる経済的損失は、原油に限定した限りでも三九〇〇億円／月（原油価格が一五〇ドル／バレルになった場合）から九四〇〇億円／月（二〇〇ドル／バレルの場合）になるという。年間一〇兆円ほどだが、もちろんこれは航路変更をはじめとした原油のコスト増に限定した話であり、ほかの輸出入品への影響やエネルギー価格高騰による食料品、日用品などの物価上昇などの影響を考慮していない。

また、米国務省は中国の台湾封鎖による経済損失が二兆五〇〇〇億ドル（約三二五兆円）にのぼるという調査結果を公表している。これは日本だけに限った数字ではないが、このうちの相当の割合が日本への影響で占められることは容易に想像できるだろう。

おそらく、台湾有事が現実のものとなれば、日本の国家破産は間違いなく確定する。物資の急騰や買い占め、パニックによる暴動などが起き、いよいよ日本はドサクサの時代に突入することになる。

二〇二六年　事実上の財政破綻、経済パニック

天災か大事件か、いずれになるかはわからないが、二〇二五年に決定的な出来事が起きれば、二〇二六年頃には日本の財政破綻は決定的となる。日本国債の格付けは「投資適格」の最低ラインであるトリプルBからも陥落し、円安は留まるところを知らない状況になるだろう。

ことここにおよんで、日本の官僚、政治家たちには事態を打破することなど到底できないだろう。なにしろ、政治家たちはばら撒きで財政破綻を招いた張本人であり、官僚は唯々諾々《いいだくだく》と政治家の言いなりになり続けていたわけで、今更「大ナタ」を振るおうにも、誰も付いてこない。

政治が手をこまねいているうちに、破綻国家の「最初の洗礼」というべき事態が勃発する――預金封鎖だ。

きっかけは、名もなき人がSNS上でつぶやいた一言だった。「今日から二月八〇年前には預金封鎖があった　今年、またやるかもね」――急速に悪化する日本の財政と社会情勢への不安から、八〇年前の一九四六年二月一七日に突如

発表された預金封鎖がまた繰り返されるかも、と想像したことをそれとなく書いたのだろう。

実に些細な、取るに足らない一言ではあるが、しかし多くの人々が漠然と抱えていた不安心理に見事に突き刺さった。ＳＮＳ上で「預金封鎖」のワードは急速に盛り上がり、国民の不安心理は一気に膨らんだ。そして、ほどなくしてとある地方都市で最初の取り付け騒ぎが起き、これが起爆剤となって全国規模の取り付け騒ぎに発展したのだ。

歴史を紐解けば、日本でも取り付け騒ぎは何度か起きている。その最大のものは一九二七年で、当時の蔵相・片岡直温が「東京渡辺銀行がとうとう破綻を致しました」と間違った発言をしたことによるものだ。全国各地で「銀行が危ない」という噂が広がり、取り付け騒ぎが発生。金融恐慌（昭和金融恐慌）が発生するという最悪の事態につながった。この例は社会的影響力が絶大な政治家の失言とあって、その帰結も甚大であったが、他愛もない発言が取り付け騒ぎに発展した例もある。一九七三年に発生した豊川信用金庫事件では、高校生同士の会話での「信用金庫なんて（強盗とか）危ないわよ」という冗談が「経営が危ない」と誤解され独り歩きし、取り付け騒ぎに発展した。

いずれの例にも共通するのが、国民の不安心理である。多くの人が「銀行が危ないのでは？」「自分の預金がなくなるのでは？」と不安になり、窓口に殺到することで、実際の銀行経営が危なかろうが健全であろうが関係なく、実際には預金が引き出せない事態に発展してしまうのだ。

ひどい場合には、取り付け騒ぎが引き金となって本当に銀行が潰れる場合もある。バブル崩壊後の一九九五年には、コスモ信用組合、木津信用組合、能代信用金庫で取り付け騒ぎが発生し、いずれも最終的には破綻している（ただし、能代信用金庫は大曲信用金庫が救済合併を行なった）。

全国規模のパニックとなってしまえば、もはやこれを封じ込める手立ては預金封鎖くらいしかない。一度銀行を完全に休止させ、その間に必要な措置を講じて態勢を立て直すのだ。ただ、二〇二六年時点での日本では財政・金融の状況も極めて危機的であった。そこで、パニック抑止の預金封鎖を利用して様々な金融引き締めの策を講じ、一気に財政再建モードへの転換を目指すことが政府内部で内々に決められた。

かくして実施された預金封鎖は三週間にわたり、この間大多数の国民は自分の預金に触ることすらできなかった。銀行打ち壊しの暴動も一部にあり、国民の不満は爆発寸前となった。一方、この間に必要な様々なルールや手続きの整備が一気に進められた。結局、厳しい引き出し制限という条件付きで、なんとか預金引き出しができるようになったのは、三週間後だった。

しかし、実際には多くの人々が三週間後に現金を手にできたわけではなかった。ATMや窓口に大行列ができ、あっという間に現金のストックがなくなったため、人々はさらなる我慢の時間を強いられたのだ。

二〇一五年七月にギリシャで行なわれた預金封鎖・引き出し制限では、人々がATMに大行列をなし、中の現金がなくなったためお金を引き出せず困窮した人たちが続出した。「歴史は繰り返す」と言うが、まさにギリシャと同じことが日本でも起きたというわけだ。

さて、引き出し制限の内容は、一世帯当たり月二〇万円というものだった。銀行の預金情報はマイナンバーを元に名寄《なよ》せがされ、厳格に世帯管理されていた。なにしろ著しいインフレ下での二〇万円であるから、日常生活には極めて大きな支障となった。慢性的に現金が不足したことで、商店などでも「つり銭なしの現金客優先」というところが続出した。人々は「いつまでこんな生活が続くのか」という不安におびえ、鬱屈《うっくつ》した不満をさらに溜めこんで行った。

結局、この時点では引き出し制限の終わりについてはまったく言及されることはなかった。当の政府としても、いつになれば引き出し制限をしなくていいほどに状況が改善するのか、まったく見通しが立たないのだから当然だ。ほとんどの場合、制限解除を決定するのは財政再建のめどが立ってからである。

参考までに、ギリシャの預金封鎖で制限解除が行なわれたのは、三年あまり経った二〇一八年一〇月、その他の資本規制を含めて全面解除されたのは、四年あまり経った二〇一九年九月のことだった。また、リーマン・ショックに端を発した二〇〇八年の金融危機で事実上の国家破産に陥ったアイスランドでは、資本移動規制が二〇〇八年一一月から二〇一七年三月まで、実に八年四ヵ月もの間行なわれた。

ただ、日本の財政状況は当時のギリシャやアイスランドと比較しても格段に悪い。アイスランドは銀行の過剰なリスク負担が財政破綻を招いた。ギリシャは放漫財政がその原因だった。しかし日本の場合は、政府が放漫財政を続け「銀行の中の銀行」である日銀が日本国債買い占めや株式買い入れで過剰なリスク負担を行なっている。その結果として、GDP比二五〇%をはるかに超える巨額政府債務を抱えるに至った。ギリシャやアイスランドのように、四年や八年でことが決着するなどということは、まずあり得ないだろう。一〇年、あるいは二〇年単位で制限を強いられるとしても、なんら不思議ではない。

専門家たちが示すこうした見解に、人々はこの国の将来を絶望するようになった。こうした時期には、パニックから群衆が暴徒化したり、治安が急速に悪化したりということが一気に起きる。よほど気を付けておかなければ、あなたも被害に巻き込まれるかもしれない。

明らかに日本が「劣化」する様を見ることとなり、多くの人々が絶望感を抱くことになるだろう。もし、経済的にも精神的にも余裕がある人なら、このようなドサクサの時期は一度日本を離れた方がよいかもしれない。

さて、このドサクサは、はたして誰がどうやって鎮めるのか。結局は幕末の黒船来航が日本の政治体制を変えたように、太平洋戦争の終戦後GHQがきて日本を一新したように、「令和の黒船」「令和のGHQ」がやってきて日本の経済敗戦処理を行なうのが定石だろう。現代で言えば、「IMF」が登場して財政再建を指示するということだ。

ただIMFも、これだけの天文学的債務をどうにかすることはまず不可能だ。とりあえず自力再建に向けて、かつての破綻国に対して行なったような策を採ることになる。

ギリシャが事実上の財政破綻状態に陥った二〇一〇年以降、ECBとIMFが経済支援の交換条件として提示した財政再建策は、いわば「破綻国家の再建お品書き」と言うべきお約束の項目である（七一ページ参照）。おそらく、日本

破綻国家を再建するためのお品書き

1	公務員給与の削減、公務員数の削減
2	公共機関の窓口や施設の閉鎖
3	年金の一律カット、 支給年齢の引き上げ
4	医療、介護報酬のカット、 自己負担割合の引き上げ
5	たばこ税、ガソリン税、自動車税、 固定資産税など各種税金の引き上げ
6	公共事業の凍結、廃止

など

もIMFにこれらを提示されることになるだろう。

この時、実はさらなる徳政令の施行も検討されていたが、この時点では実施には至らなかった。それは七三ページのようなものだ。

「銀行の貸金庫内の資産没収」は、一九九一年のソ連崩壊によって誕生したロシア連邦が、一九九八年に財政危機に陥った際に実施されたものだ。ただ、日本においてこれを実施するには、憲法に定められた財産権に抵触する懸念や方法自体の乱暴さ、また財政再建に資する効果（つまり、いくら没収できるのか）が見積もることができない点など問題点が多かったため、見送られた。

「通貨切り下げ」（デノミ）とは、インフレなどで通貨金額の表示が大きくなり過ぎ、経済活動に不便が生じた時に実施されるもので、たとえば一万円を一〇〇分の一に切り下げて新一〇〇円にする、といったものだ。多くの場合、ハイパーインフレで通貨の桁数がすさまじく増加した時に実施される。

最も有名なのは、二〇〇八年から二〇〇九年に掛けてジンバブエが行なったデノミだろう。しかも二〇〇八年八月には一〇〇億分の一に（一〇〇億ジンバ

徳政令の種類と2026年以降日本で施行の可能性があるもの

1	預金封鎖
2	引き出し制限
3	新円切換
4	国債のデフォルト
5	デノミ（通貨切り下げ）
6	銀行の貸金庫内の財産の没収
7	一般国民および法人（指定業者を除く）の金（ゴールド）の保有禁止と没収
8	財産税

ブエ・ドルを新一ドルにする)、二〇〇九年二月には一兆分の一にと、わずか半年で二度も行なったにも関わらず、結果としてインフレは沈静化せず、自国通貨の放棄と米ドルを中心とした外貨流通の容認によってようやく事態が収まったというものだ。

デノミとは若干異なるが、さらに恐ろしい方法を行なった国もある。一九九三年七月、ロシアは突如として「前年までに発行されたルーブルの流通停止」を発表、二週間限定でわずかな額のみ新ルーブルに両替できるものの、それ以外はすべて銀行に預金しなければ使えなくなることとしたのだ。

旧ソ連時代から国民は銀行を信用せず、タンス預金で蓄えていたが、今度は通貨を発行する国家が裏切ったようなものだ。国民の生活は大混乱に陥った。ロシア国民の感覚で言うと、突如として一〇〇〇分の一のデノミで保有する資産まで一〇〇〇分の一になったというほどの衝撃だったという。

ただ、デノミもこの時(二〇二六年の日本)は実施を見送られた。インフレが高進していたとはいえ、通貨切り下げによって経済的な便益はさして見込めず、むしろ国民をパニックに陥れる危険があるというのがその理由だった。

金《きん》（ゴールド）の保有禁止は、アメリカで世界恐慌直後の一九三三年に実際行なわれたもので、保有している国民は市井のレートよりかなり安いレートで国に金《きん》を供出《きょうしゅつ》させられた。これに倣《なら》って、日本でも金《きん》供出が検討の俎上《そじょう》に乗ったが、現物を隠し持っている人のところに出向き、押収するなどの手数も必要となり、一方でその労力に見合う効果が見込めるのかも疑問であったことで、この時の実施は見送られた。

ただ、こうした措置は国家が「財政再建のためになりふり構わない」という姿勢を示す意味では非常に効果的で、象徴的な施策になり得る。したがって、財政再建が遅々として進まなかった場合には、ゾンビのごとく復活して実施される危険がある。非常事態において「国家は暴力装置になる」のであり、一度実施が見送られた徳政令が将来にわたっても実施されないという保証はない。

さて、日本において最も巨額の支出は「社会保障関連」である。したがって、年金、医療、介護に大ナタが振るわれるのは、まず避けられない。また、ここには記載しなかったが、税制の大幅改正も日本の場合は組み入れられる可能性が高い。日本では高齢者に資産が集中しており、資産移転が進んでいないため、相続税や贈与税を大幅に改正することで財政再建の財源にあてられるからだ。年間数億円程度の高額所得者への増税も、実施される可能性は高いだろう。

ただ、こうした「大手術」は往々にして決定に時間が掛かる。国民の抵抗が大きく、既得権益層の反発も必至だからだ。国家破産のパニックが生じてから、これら再建策が施行されるまでに数年単位の時間が掛かることも予想される。そしてその間に、市民生活は完全に崩壊の憂き目を見るだろう。日本円の暴落と物資不足によって著しいインフレが猛威を振るい、人々の資産が急速に毀損《きそん》して行くからだ。

少しでも財産がある人は、海外への資産逃避や海外脱出を図るもののこの時にはすでに強力な資本規制が布《し》かれていることだろう。引き出し制限や海外送金の制限、高額取引の制限などだが、これらは実質的な「徳政令」である。憲法に定められた基本的人権のうち、財産権を侵害するやり方という解釈も成り立つ徳政令だが、国家の緊急事態によって「公共の福祉」を目的として財産権に制限を掛けることは合法という解釈がなされ、施行されることだろう。同様に、様々な人権に制限が掛けられる可能性も十分にある。

「IMFによる日本への介入」というシナリオは、ある意味非常に順当なシナリオではあるが、もう一つ注意しておくべきシナリオにも触れておく。それは、「中国からの財政再建支援」だ。これは、単に善意の隣国による救済の手などではなく、中国の覇権樹立に向けた布石である。

中国では、二〇一三年から中国が掲げる「一帯一路」という広域経済圏構想を推し進めている。これによって、中央アジアや中東、アフリカなどに積極的な融資を行なうなど経済的なつながりを強化しているが、これは見方を変えれば「経済戦」とも言うべき覇権戦略である。先ほど、中国の太平洋進出にとって日本が障壁であると触れたが、もし日本が国家破産に瀕している時、中国の経済力によってこれを支えれば、その後の展開に極めて重要なカードとなる。

当然、アメリカもこうした動きは特に警戒し、牽制を掛けてくるだろうが、

「貧すれば鈍す」、IMFをはじめとした西側諸国の提示する厳しい条件よりも中国が提示する条件の方が魅力的であれば（そして中国は当然そうするだろう）、国内世論が中国になびくことは想像に難くない。台湾に対して行なっている「熟柿作戦」を日本にも行なう、まさに絶好の機会である。

さすがに、即座に日本が中国の属国のようになるという可能性は低いと見るが、しかし経済大国日本の没落が極東のパワーバランスを大きく塗り替え得ることは確かだろう。

二〇三〇～三五年頃　第二次徳政令、先進国から衰退国への凋落

IMF主導の財政再建策は苛烈を極め、国民は塗炭の苦しみを味わうだろう。ただしかし、それだけで再建できるほど日本の財政状況は甘くはない。なにしろ、政府債務は太平洋戦争終戦時にも匹敵する天文学的レベルにまで達しているのだ。多少の倹約でどうにかなるなどと言うことはまずあり得ない。公務員給与の削減や年金カット、資本規制といった「徳政令」は、IMFの「ご指

導」の下厳しく施行されるが、もう一段の「劇薬」が必要となるだろう。

次に採られる「第二次徳政令」と言うべきもの、それは「財産税」の導入だ。全国民を対象に、資産を時価評価し保有額に応じた累進課税を行なうというもので、戦後すぐに実施された財産税の焼き直しというべきものである。

国家破産状態が数年も続けば、多くの国民が「なんでもいいから早くこの混乱を収めてほしい」と考えるようになる。そうした心理が蔓延《まんえん》した頃を狙い、「国難を脱するため国民の総力を結集する」などと打ち出せば、比較的穏当に実施が可能かもしれない。

ただ、中国をはじめとした様々な勢力が暗躍し、国内の政治勢力などが大規模なデモやキャンペーンを展開する可能性も十分にある。最悪の場合、クーデターまがいの事態まで引き起こされる危険もあることには要注意だ。

ただ残念なことに、このような国家崩壊のリスクまで負って徳政令を実施しても、その実効性は十分ではないかもしれない。なにしろ戦後の財産税についても、その実効性は当時の大蔵省、日銀関係者が「実効性が薄かった」と評価していたのだ。

原因は、財産税が施行されるまでGHQとの折衝で時間を掛け過ぎたことと、それによって著しくインフレが進み、徴収した財産税の価値も減価していたこと、さらに徴収した財産税を財源に予算を組み、結局再びマネーを経済に回してしまったことなどがある。そして、実は財産税よりもむしろ高進するインフレによって政府債務の実質的価値が大幅に下がり、それが実質的な財政再建につながったという評価がなされているのだ。

ただ、実効性に疑義があろうがなかろうが、財産税をやらないという結論にはならないだろう。二〇二二年の円安急進時に日銀が為替介入したように、政府としては実効性がなくとも「やっている体裁自体が重要」と考えるからだ。

かくして財産税は施行され、さらに金《きん》の没収まで断行された。しかしインフレを抑止することはできず、国民の大多数は貧困層に没落することとなる。国家としても衰退国へまっしぐらとなるだろう。日本はGDPトップ10すら維持できず、ブラジル以下の経済衰退国に落ちぶれることすらあるかもしれない。

自分自身をアップデートして運命を切り拓け！

想像することも厳しい話だが、日本が抱えた借金が呼び込む地獄とは、かくも苛烈なものである。したがって、私たち日本人に待ち受ける未来は、極めて厳しいものと心得ておかねばならない。今までの〝ぬるま湯〟とはまったく異なる状況を、なんとか生き抜かなければならないのだ。

ただ、幸いなことに人間には生来高い能力が備わっている。それは、「環境に順応する能力」だ。かつて恐竜は地球上の生物の頂点に立ったが、地球環境の激変に対応しきれず絶滅した。しかし人類の祖先にあたる生物は、その激変に耐え、時に自らの体まで変化させて順応し生き延びた。私たちにもその遺伝子は脈々と受け継がれている。氷河期突入に比べれば、国家破産の激動などまだかわいい方である。自分の体を作り変える必要などない。国家と共に突き進む破滅の運命を避け、自らの運命を切り開けばよいだけだ。

アメリカの心理学者ウィリアム・ジェイムスはこんな格言を残した。「心が変われば行動が変わる。行動が変われば習慣が変わる。習慣が変われば人格が変わる。人格が変われば運命が変わる」――つまり、私たちが破滅の運命から抜け出すためにすべきこととは、今この時から考え方を改め、日常の行動を変化させることだ。そうすれば、おのずと「ぬるま湯」の生活習慣が修正され、サバイバルモードになれる。

新しい生活習慣は、あなたの人格を変えるだろう。おそらく、健康、財産、仕事、人間関係、およそあらゆるものが大きく変化することになる。必然的に、あなたは激動を生き残る運命を手にすることになるはずだ。

では、どのような考え方を身に付け、いかなる行動指針に基づいて行動して行けばよいのか。次章から詳細に、具体的に見て行きたい。国家破産時代をたくましく生き残るために、極めて重要となる部分であるため、ぜひとも本書がボロボロになるまで何度も熟読していただき、しっかりと頭に叩き込んでいただきたい。

第二章

大混乱を生き残るための〝心掛け〟

——あなたを危機管理の天才とするために

信念を持たない人間は、あらゆることに流される。

（マルコムＸ：アメリカの黒人公民権運動家）

動乱に立ち向かう心掛け

アメリカの社会学者チャールズ・クーリーは、次のような意味深長な言葉を残している――「明日はなんとかなると思う馬鹿者。今日でさえ遅過ぎるのだ。賢者はもう、今日すませている」。

私は、この言葉を今の日本の政治家たちに投げ付けてやりたい。

先日、日本国の財布を預かる財務省の中枢を訪問して、本音の情報を聞き出してきた。彼らは重い口を開いて「与党・自民党の政治家は、財務省の幹部を怒鳴り上げて『もっと出さないか。ばら撒けるだけばら撒け。増税⁉ お前らは一体何を考えているんだ。国債を刷ればすむことじゃないか。いいからオレの言うことを聞け！』とまったく話にもならない」と言う。そして首相官邸に至っては、人事権を振りかざして「反対するやつは左遷か、一生浮かび上がれないようにしてやる。最悪、クビだ」と脅し上げて、歳出の膨張をやめようとしないという。財務省の幹部の一人は、こう私に漏らした。「首をうなだれて彼らの言うことを聞くしかない。もう、厭世観しかありません」。

日本の権力を握る自民党の、九割がこの有り様だという。残りの一割のまともな感覚をもった議員も、「言ってもいじめられるだけ」と誰も大きな声を出して反対しない。その結果、二〇二一年度の政府の歳出は一四二兆もあったのに、税収はたったの六七兆だ。まさに破滅的予算だ。そして、日本国政府の借金はついにGDPの二六〇%を突破し、世界最悪の水準に到達してしまった。

日本は、こうしてツケの先送りばかりをこの三〇年間繰り返してきた。借金だけ増やしてツケを先送りする所業は国家を危うくする道であり、将来世代の未来を奪う行為だ。人間として絶対にやってはいけない範疇《はんちゅう》の部類のものだ。

中国の高名な儒学者の朱子も次のように釘をさしている――「『そのうちに』を口ぐせにしている人は、永久に『そのうち』を繰り返す」。そういう人たちにだまされてはいけない。この世の中で一番恐ろしいものこそ〝借金〟なのだ。

その政府の借金が爆発する日が近付いている。国家破産とはあなたの財産のほとんどが粉々に吹き飛ばされてしまう大惨事であり、戦争に匹敵する出来事だ。そのためそれに対処するには、相当の覚悟を持っておく必要がある。そこでこの章では、この将来の動乱に対してしっかりと立ち向かうことができるように、重要な〝心掛け〟を列挙する。すべて重要なことなので、一つひとつをしっかりと心に叩き込んでほしい。では、始めよう。

心掛け一　すべての始まりは情報収集

戦国時代、〝最強の騎馬隊〟を率いていた武田信玄が、盲目的に遵奉《じゅんぽう》していた教えが存在する。それは、紀元前五〇〇年頃の中国春秋時代に活躍した軍師・孫武が残した兵法書で有名な〝孫子の兵法書〟である。武田信玄の軍旗「風林火山」（正確には〝疾如風徐如林侵掠如火不動如山〟の一四文字）も、この孫子の兵法書の一節から採られている。

さて、この風林火山は孫子の兵法書〈軍争編〉に記されているが、これに続きがあるのはご存じだろうか。それは、〝難知如陰　動如雷霆〟の二節である。あとの一節〝動如雷霆〟は「動くこと雷霆《らいてい》のごとく」で、兵を動かす時にはカミナリのように迅速に激しくしなければいけないということを意味する。

そして、ここで注目したいのはその前の節〝難知如陰〟だ。これは「知り難きこと陰のごとく」で、自軍の戦略や情報は暗闇のように秘匿《ひとく》するべきという意味である。戦争において、自軍の情報を敵に渡さないように徹底して秘匿する必要性を孫武は説いているわけで、逆に考えると情報収集がいかに勝敗を分けるカギであるかがわかる。

武田信玄は当然、この二節を知っていたはずである。それにも関わらず、その二節を軍旗に入れていないのは、これこそが戦をする上での極意と考え、ほかの戦国大名の目に触れないようにしたのかもしれない。

同じく孫子の兵法書の〈謀攻編〉で、「知彼知己、百戰不殆　不知彼而知己、一勝一負　不知彼不知己、毎戰必殆」と、これまた有名な文言がある。「彼を知り己を知れば百戦あやふからず　彼を知らずして己を知れば一勝一負す　彼を知らず己を知らざれば戦ふ毎に必ずあやふし」と書き下し文を入れると、誰もがよく知るお馴染みの一節である。これも、情報の重要性を説いたものである。このように、孫子の兵法書では戦う前の心がまえとして〈謀攻編〉、また戦っている最中の心がまえとして〈軍争編〉と、節々に情報収集の大切さを説いているのである。

現代において、一見すると情報はあふれ返っているように見える。誰もがネットにつながることができ、欲しい情報はどこにいても無尽蔵に得られそうだ。では、はたして情報収集はこれで十分だろうか。答えは「否」である。

確かにネットは便利で、調べたいものがあればいつでもどこでもそれを調べることができる。しかし、ネットのコマ切れの情報だけを眺めていても、表面だけわかった気になり、本質を掴むことはできないだろう。すでにその情報に対する十分な知見を持っている場合であれば、そのようなネットの情報を活用することはできる。しかし、そうでない場合には、もっとかみ砕いてわかりやすく加工してある情報がよい。特に、自らの将来に関わってきそうな問題については、真剣に調べた方がよい。

真剣に調べる方法として、いくつか提案しておこう。一つ目は新聞を毎日きちんと読む習慣を身に付けることである。それも、日本経済新聞をである。日本経済新聞は経済の情報を優先して記事にするため、ほかの新聞と比べるとかなり難解だ。読み始めて数ヵ月のうちはわからない記事だらけかもしれない。しかし、それでも読み続けることによって、ぼんやりとだが内容を掴むことができるようになり、経済の概略がわかり始める。その時点で、ようやくあなたの中で点と点が線になり始めたのである。そして、段々その線がクモの巣のように網羅され、その一本一本が太い線になればしめたもので、このくらいになると経済の専門家による解説が苦もなく理解できるようになる。

これにはかなりの時間が掛かるだろうが、それを短縮する方法がある。それは、本を読むことだ。本はあらかじめ点と点をつないだ文章が乗っているわけで、それを読むことで理解は格段に速くなる。本は、できるだけかみ砕いてわかりやすい内容のものから、難しい内容のものまでまとまった量で試してみて、自分に合ったものを選ぶのがよい。それには書店もいいが、いくらでも乱読できるということで図書館も活用してほしい。成功している人は相当な数の本を読み込んでいるので、ぜひそれを見習ってほしい。

心掛け二　必要なコトにはコストを惜しむな

中国の戦《いくさ》にまつわる故事を出したので、今度は日本の戦国時代の事例を交えて紹介しよう。皆さんは、豊臣秀吉をご存じだろう。織田信長のあとを継いで天下統一を果たした天下人である。その天下人には、〝両兵衛〟と呼ばれる有名な二人の軍師がいる。竹中半兵衛、そして黒田官兵衛の二人である。

今回は、そのうちの黒田官兵衛に登場してもらう。黒田官兵衛は普段から吝嗇《りんしょく》、いわゆるケチであった。秀吉が天下人になる前に家督を子の長政に譲り、秀吉が存命なうちは御伽衆《おとぎしゅう》兼軍師として戦場に駆《か》り出されていたが、その後は隠居生活を送り、ますますその吝嗇振りに拍車が掛かった。

そんな中、天下分け目の決戦・関ヶ原の戦いが勃発した。黒田軍のほとんどは、当主である長政に率いられて東軍の家康に付き、槍働きや諜報活動と表裏合わせての大活躍であった、一方、官兵衛はわずかな家臣と共に留守番をしていたが、ここから驚きの行動を見せる。官兵衛は中津城（現、大分県中津市）の蔵を開かせると、中に堆《うずたか》く積まれた金銀をすべて放出し、急きょ浪人を大募集、即席の黒田軍を編成すると、東軍に味方をするという名目を掲げてその軍を率いて連戦連勝、なんと九州をほぼ手中に収めたのである。

残すところは島津領、といったところで関ヶ原の戦いがたった半日であっけなく終わり、家康から兵を引くようにと〝待った〟が掛かったところで官兵衛の戦は終わりを告げた。官兵衛は、家康と三成の戦いが何ヵ月もの長期戦になると考え、そのうちに九州を平定し大軍団を結成して中国地方を抜けて中央の戦いに参戦、勝利し天下人に名乗りを上げようとしていたという。

また別の話で、官兵衛は利休に茶を学び囲碁を嗜《たしな》んだ。当初官兵衛は、茶の湯について金《かね》の掛かる趣味で、勇士がやるべきものではないと嫌っていた。しかし秀吉から、「ほかの場所で密談すれば人の耳目を集めるが、茶室なら人に疑われることがない」と諭《さと》され、当時の最新の情報交換の場が茶室であったこともあり茶の実益に気付き、利休に師事したのである。

黒田官兵衛の座右の銘は〝我　人に媚びず　富貴を望まず〟である。そんな普段は吝嗇な官兵衛であったが、ここぞという時には今まで貯めておいた財をすべて使うという驚くべき豪儀《ごうぎ》さを持ち合わせていたのだ。また、茶の湯のように必要な箇所には、きちんとコストを掛けている。特に、茶の湯を情報収集の場として認め、掌《てのひら》を返したように積極的に活用したことはさすがである。

必要なことにはコストを惜しまず、特に情報収集にきちんとコストを掛けることを私たちも大いに見習うべきだろう。

現代において、ネットを活用すればなんでも無料で調べることができそうに見える。だから〝情報はタダ〟と認識してしまいがちだが、これはとんでもない勘違いである。本当に必要な情報は、決して無料で得ることはできない。必要な情報は、コストを払ってでも入手すべきものなのである。

心掛け三　情報はきちんと整理し、自分がすべきことをまとめる

情報には二つの形がある。「インフォメーション」と「インテリジェンス」だ。インフォメーションは伝え聞いたりして仕入れたそのままの情報、生《なま》の情報である。それに対してインテリジェンスは、仕入れた情報の真偽を吟味し、自分なりの解釈を加味したり加工して練り直した情報である。そして、情報を何かに使う際役立つのは、断然〝後者〟である。生の情報は、スピード命の第一報としてはありがたいのだが、それだけだと浅過ぎてほとんど役に立たない。

たとえば、最近の〝三二年振りの一五〇円を超える円安になった〟という情報が入ったとして、これをそのまま投資判断の材料に使うことはできない。この円安が起きた原因となりそうな日本国の背景、またそれに対する政府のスタンス、アメリカの背景やスタンス、世界経済の状況、あらゆる情報をつなぎ合わせて今回の円安を分析して得た知識――これがインテリジェンスであり、こ

こまでになってようやく投資判断の材料に使うことができる。

自分の意思決定をするために、何も特別な情報を集める必要はない。アメリカの中央情報局（ＣＩＡ）は、世界中の政治・軍事・経済に関する情報収集を目的とした機構で、アメリカの政策決定に深く関わる世界一の情報分析を行なう組織である。ＣＩＡと言えば諜報活動、いわゆるスパイ活動などで特別な情報を得ているようにお考えかもしれないが、実はその九五％は新聞などの公開された情報を丹念に収集・分析したものだという。膨大な生の公刊情報を入手し、その点と点を分析し線でつなぎ合わせて活用できるものにしているのである。そうした基本的情報群のベースの上に、スパイ活動で極秘情報をエッセンスとして加えて使っているのである。

これは、大変参考になる話だ。まず自らが毎日丹念に日本経済新聞やＴＶ、ネットから基本情報を頭に蓄えておき、そこに特殊な情報をエッセンスとしてひとさじ加えて役に立つインテリジェンスを完成させる。国家破産に関する特殊な情報源としては、私が監修し一〇日ごとに発刊している『経済トレンドレポート』などもよいだろう。興味のある方は巻末二〇四ページをご確認いただきたい。こうしたインテリジェンスをあなたが持っていれば、国家破産という嵐も無事に生き残ることができるであろう。

心掛け四　「残された時間はあまりない」ことを肝に銘じる

日本においてバブルが崩壊したのは一九九〇年だが、その前の二年間の株の上昇は目を見張るものがあった。一九八八年は一年間で八五九五円と過去最大の上昇を記録し、年末に日経平均株価は三万一五九・〇〇円を付けた。そして、翌年はそれをさらに超える八七五六・八七円の上昇を見せ、この二年で日経平均株価は一万七三五一・八七円もの大暴騰となった。

これだけ急上昇した反動で、一九九〇年には今度は一気にバブルが弾けており、日経平均株価は一年でマイナス一万五〇六七・二円もの大暴落となり、今度は下落幅が過去最大となった。

このように、相場においてその末期には、驚くほど価格が急騰することがたびたび見られる。まるで、電球が切れる前に一瞬光輝く現象に似ている。それで行くと、今の国債残高のチャートはその相場が末期であることを如実に表すかのように急騰しており、かなり危険な状況である。もってあと数年、すでに本格的な円安が始まっていることを考えると、残された時間はあとわずかである。そのタイムリミットが迫る中で、しかし焦らず万全の対策を打ってほしい。

心掛け五　危機は突然やってくる⁉

国家破産は何も珍しいことではなく、歴史を見ると戦後の日本やドイツ、また近年であればロシアやトルコ、アルゼンチン、ジンバブエ、レバノンなど数多くの国が破産している。

そして国家破産が起きた時、その国民は決まって〝まさか自分の国が破産するとは思わなかった。しかも、ある日突然国が破産した〟と言う。しかし、大抵の場合は〝ある日突然〟というのは国が破産することを疑わなかった人々の思い込みから生まれた問題であり、国家破産の前兆は起きていた可能性が高い。

それは、ハイパーインフレにつながるインフレ（通貨安）の進行である。だから、今の日本で国家破産は起きるはずがないと考えているのであればなんともお気楽な話で、そういった人たちは数年後には「ある日突然、起きた」とわめき散らすだろう。これから日本国債の格下げや日銀の方針転換により、国債価格の急落が発生すれば、市場はパニックに陥るに違いない。そして、そのまま国債が大暴落し、いよいよ国家破産という事態になれば、至るところで〝ある日突然、起きた〟という声が挙がるのはまず間違いない。すでに現状において、歴史的な円安という前兆が起き始めているにも関わらずである。

今回の円安は、今まで起きてきた円安と質が異なることを、もう少し重く受け止めるべきである。そして国家破産に至るまでには、おそらくもう一段決定的な前兆が出てくるだろうから、アンテナを高くして国家破産の初期微動を敏感に感じ取ってほしい。

普通国債残高の累増

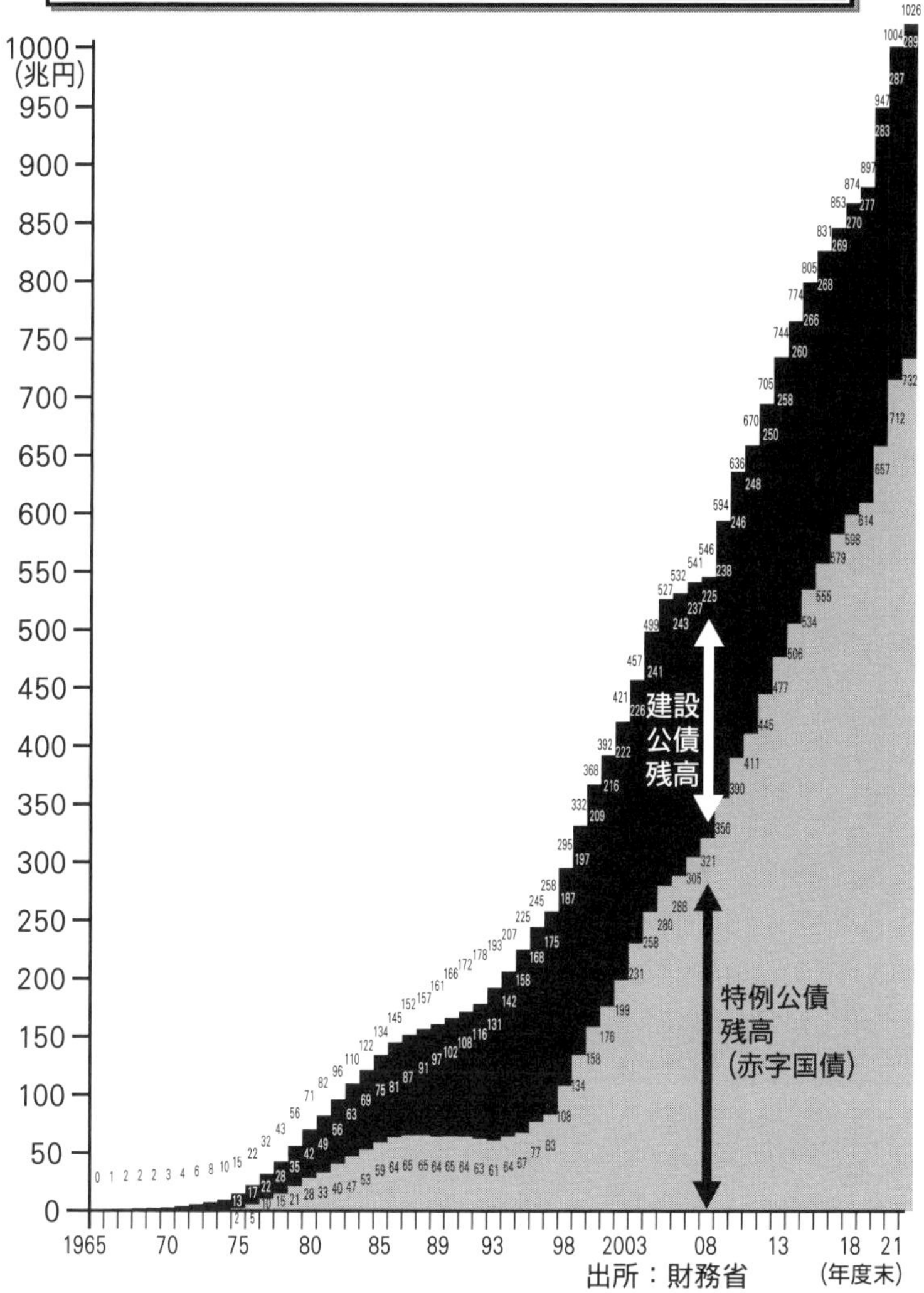
1000 (兆円)
建設公債残高
特例公債残高（赤字国債）
1965 70 75 80 85 89 93 98 2003 08 13 18 21
（年度末）
出所：財務省

さらに、突発的なことをきっかけにいきなり国家破産が本格化するという事態も想定しておく必要がある。たとえば、東南海地震や富士山噴火などの自然災害発生を引き金に、日本が急速にパニック状態に陥ることである。この可能性はかなり高いと見ておいた方がよいが、こうなると〝日本を揺るがす一大事〟ということですぐに「預金が封鎖」され、〝復興のため〟という大義名分により「財産税」が掛けられるという対応が取られたとしても不思議ではない。

いずれにしても、すでに歴史的な円安が始まっているわけで、〝ある日突然〟ということがないようにしっかり事前準備をしておく必要がある。

心掛け六　周囲の言うことに惑わされるな

一九九〇年のバブル崩壊や二〇〇一年のＩＴバブル崩壊、二〇〇八年の金融危機など、これまで数多くの相場の急落シーンがあったが、事前にそれを予測して対策を打っていた人は驚くほど少ない。さらに、バブル崩壊がすでに始まっていた一九九〇年の夏においてすら、「これから日本株はさらに下げ、不動産価格も暴落し、銀行が潰れる大変な時代がくる」と私が周囲に言うと、変な人のように見られ、馬鹿にされた。

また、リーマン・ショック（二〇〇八年秋）の二年六ヵ月前に私は『浮かれる景気』という本を発刊して、そのサブタイトルと帯で、「市場はある日突然激変する!!」「二〇〇八年株価暴落」と警告した。しかし二〇〇六年というと株価も一時的に回復し、世界的好景気の影響で人々は浮かれていた。だから本自体もまったく注目されなかったし、警告に耳を傾ける人もいなかった。そして、現実に一〇〇年に一度の金融危機が起きてから人々は慌てふためき、「どうしてこんなことが突然起きるんだ!?」と泣き叫んだ。

このように、周囲はことが起きてから初めて反応するのであって、事前にそれを指摘したとしてもまったく信用されない。それどころか、まるでこちらが間違っているかのように、頼みもしないのに「あなたの考えは間違っている」と修正しようとしてくるかもしれない。一般の人々というのはいい加減なもので、「そんなこと起こるはずがないよ」と将来やってくる出来事を何の根拠もなしに否定しようとする。だから、こんな周囲の言うことに惑わされてはいけない。正しいことは、誰が反対してもやらなければいけないのである。

私自身もバブル崩壊後の一九九〇年春、ある大きな決断をした。それは、住んでいたマンションを売却したのだ。それこそ周りから反対され、何より女房から大反対された。当時、株式は下がり始めていたが、不動産市場は依然として堅調で高止まりしていたのである。それでも、様々なところから情報収集し分析した結果、株だけではすまず今後不動産も含めてとんでもないことになると結論を出し、子供が寝静まった夜中に女房を二時間掛けて説得したのである。

そして、売るとなれば早い方がよいということで、不動産業者に「買いたいという相手がいたら値段交渉は一切せず、相手の言い値で決めてよい」と伝え、無事売却したのだ。こうして、自宅として使っていたマンションを見事、史上最高値で売却することに成功したのである。

かつてガリレオは、数ある証拠を示した上で「地動説」を提唱した。地球が太陽の周りを回っているということは今では常識であるが、当時は太陽が地球の周りを回っている「天動説」が正しいとされていた。そして、キリスト数の教義に背くということでガリレオは厳しい異端尋問を受けたわけだが、「それでも、地球は回っていた」のである。

私の経験も含め、結論を言っておこう。正しいことは誰が反対しようとやれ！　そして、一旦決めたら多少のことは目をつぶって素早くやれ！　周囲の言うことに惑わされる必要はまったくない。これは、国家破産対策においてもまったく同じである。

心掛け七　危機管理のポイントは「最悪を想定すること」

想定外のことに出くわすと、パニックとなりすぐに判断・行動できないことが往々にしてあり得る。それをなくすためには、「あらゆることを事前に想定しておくこと」だが、特に最悪の事態はなるべく細部に至るところまで想定しておいた方がよい。「こんなひどいことは、まさか起こらないだろう」と考えてそこで思考停止するのではなく、あらゆることを「まさか」ということまで思い付く限り列挙し、それへの対策を事前に検討しておくことが必要だ。

そこまでしても十分過ぎるということはない。「事実は小説よりも奇なり」というほどで、人が想定する以上のことが現実では起きたりするのである。どれほど最悪を想定しておいたとしても、決してやり過ぎということはない。

東日本大震災時の東京電力の例を一つ見ておこう。福島第一原発事故の引き金となったのは、「大規模な津波」である。その津波について、事故の半年後に東京電力が事前にその可能性を考えていたことが明らかになったのである。

二〇一一年八月下旬に新聞各社がこぞって報じている内容によると、なんと東京電力は二〇〇八年時点で、大地震発生時には一〇メートル超の津波と津波遡上高《そじょうこう》一五メートル超が起こり得ると試算していたという。それにも関わらず、東京電力はこれに対する準備をほとんどしていないのである。

事故後、この点を指摘された際に東京電力は、「試算はあくまで試算で、想定ではない」と回答している。しかも、経済産業省の原子力安全・保安院に事故直前の二〇一一年三月七日に、この津波の試算について説明していたとも言われている。さすがに保安院は東京電力に対して、「そのまま放置するのではなく試算結果を反映した設備の改修などの対策を早期に採るよう口頭で指導」したとされるが、その直後に震災が起きてしまい、対処は間に合わなかった。

危機管理のポイントは、あらゆる最悪を事前に想定しておくことに尽きる。その上で、危機への対処法をマニュアル化しておくのがよい。何も悲観的になる必要はなく、マニュアルを作成しておくことで最悪の事態を回避することもできるのだ。賢者は最悪を想定しつつ楽観的に生きる。それをせずに、単に何も考えずに日々過ごしているのであれば、それはお気楽主義の愚か者である。

心掛け八　ピンチはチャンスでもある

最悪の事態を事前に想定しておくと、ピンチをチャンスに変えることができる。過去の大暴落の時を思い出してほしい。株や不動産は叩き売られ、とんでもなく価格は下がった。それでも誰も買いたがらず、さらに下がるような気配を見せながらしばらく価格は低いまま放置されていた。まさにその時が大底で、特に反応しやすい株はそこからどんどん上昇したケースが多い。

ここで、もしその大底の時に株を購入できたとしたらどうだろう。株価はかなり下がっているわけで、少ない資金で大量の株数を購入できたはずだ。そして、その後の上昇で資産を大きく殖やすことができたのだ。

最悪を事前に想定し、それに備えるということはそういうことで、株価が大暴落するようなピンチが事前に迫っている時には、あらかじめ現金の比率を増やしておいて、いざ株が暴落した際に目一杯購入できるように準備しておくのである。これが、一般人が資産家になるための王道である。

ウォール街に「資産家は恐慌時に生まれる」という格言があるが、まさにその通りなのだ。実際、一九二九年の世界大恐慌の際には第三五代米大統領のジョン・F・ケネディの父親でケネディ王朝の創始者であるジョセフ・P・ケネディが莫大な資産を築き、アメリカの政財界に君臨した。また、世界大恐慌に遅れて始まった日本の昭和恐慌では、体力のない中小の銀行が淘汰され、三井、三菱、住友、第一、安田の五大銀行の預貯金占有率が高まり、結果、財閥が確固たる地位を築くことになった。

資本主義経済は、自由競争の中で利益を追求するスタイルである。そのため、誰もが平等に富を得られるチャンスが転がっているかのように思われるかもしれないが、市場が好景気な状況においては富裕層がますます富を蓄えることができ、実は一般人が資産家にのし上がるチャンスは著しく少ないのが現実である。一方で、世界が大恐慌のような事態になると、今富んでいる人も気を抜くと真っ逆さまに転がり落ちたりする。

それと同じように、それほどの資産を持っていなくとも、時代の大きな流れを読み上手くやった人はとんでもない資産家になることもできる。最悪の状況を想定し、きちんと準備した人にとって、「ピンチはチャンス」なのである。

心掛け九　なにしろ準備は急ぐべし

日本は地震大国であり、火山大国でもある。東南海地震はこれから三〇年以内に七〇～八〇％の確率で起こると言われており、首都直下型も三〇年以内に七割の確率と言われている。富士山は活火山が単に休止している状態（休火山）で、一七〇七年の宝永噴火以来三〇〇年以上も噴火していないことから、いつ噴火してもおかしくない状態と言われている。ほかにも、ほとんど議論されていない自然災害が数年内に突然起こる可能性もある。

そして、そのような災害により日本全体がパニックに陥ることになれば、いきなり日本が国家破産状態になったとしても不思議ではない。

特に、富士山が噴火した時の脅威は想像を絶するものがあるだろう。さすがに溶岩流や火砕流が首都圏まで到達することはないだろうが、降灰《こうはい》という厄介な存在からは逃れることはできない。

内閣府が二〇二〇年四月七日に公表した「大規模噴火時の広域降灰対策について――首都圏における降灰の影響と対策～富士山噴火をモデルケースに～」の報告によると、首都圏は降灰によって壊滅的な打撃を受けると想定されている。噴火の規模と風向きによるが、先ほどの一七〇七年の宝永噴火を参考にすると、噴火から約三時間後には首都圏で大規模停電が起きる恐れがある。そしてそのまま降灰は続き、道路、鉄道、航空、船舶の交通網がすべて麻痺する。

それだけではない。電力、上下水道、通信など生活インフラがことごとくダメージを受け、首都圏はほとんど生活できない状態になるかもしれないのだ。そうなると、日本経済は壊滅的な状況に陥るだろう。

大事なことなので、あえて繰り返そう。危機は突然やってくる。なにしろ準備は急いだ方がよい。せっかく何か対策しようと思っていても、実行しなければ、目前に迫っている危機を知らずに能天気に暮らしていた人たちと同じ結果になってしまうのである。

心掛け一〇　国家破産とは、想像を絶する状況であることを理解して入念な準備をしよう

国家破産とは、今の日本からは想像もできないすさまじい出来事である。すぐにはイメージしにくいかもしれないが、これまで味方というよりも全幅の信頼を寄せていた守り神のような存在が、突然敵となってあの手この手で牙を剥《む》き襲い掛かってくるのだ。

たとえば野球において、外野手とキャッチャーが相手チームに内通した状態であなたがピッチャーをやっている、あるいはサッカーのオフェンス（攻撃側の選手）であれば、ディフェンス（守備側の選手）とゴールキーパーが相手の味方をしている中で試合をしているようなものだ。応援団はすべて相手のチームを応援するし、審判もあからさまに相手チームに有利な判定をする。そんな状態を想像してほしい。かなり絶望的な状況であるのがわかるだろう。

私は長年にわたって国家破産を研究し、これまで一〇〇を超える書籍で国家

破産についてその詳細をお伝えしてきた。そのため、読者やファンの一部の人は、良くも悪くも国家破産を身近に感じ、一種の慣れをお持ちかもしれない。ただ、そんな気持ちをお持ちの場合は、今すぐ捨て去ってほしい。国家破産とは獰猛《どうもう》な怪物で、一瞬たりとも警戒を解いてはいけない存在なのだ。

日本国政府は、これまで国民の生活をしっかり支えてきた。もちろん、一部の利権関係などの無駄遣いが多いのだが、それも含めて国民の誰もが当然のようにその庇護を受けている。病気になって医者に掛かった際の負担は、一〜三割ですむ。大病になり高額な医療費を支払う事態になれば、高額療養費で払い戻しが受けられるため負担額が一部ですむ。今回の新型コロナウイルスの際には、あらゆる場面で不要とも思われるほどの手厚い補償が受けられた。

国からの支えは、病気の場面だけではなく日常生活にもおよび、銀行が破綻した際でもペイオフ制度という救済処置があり、しかもこれまではその救済処置もほとんど採られず、全額保護ということで預金者は何も影響がなかった。極端な円高になれば為替介入を行ない、円安になればやはり為替介入を行なって諸外国との為替レートが著しく変化しないように支えられていた。制度に問題があると言われながらも、現状では老後の年金もしっかり出ている状態だ。それ以外にも中小零細企業への支えや生活保護など、国からの補助を一つひとつ挙げて行くときりがない。

このような補助のお話をすると、「税金を払っているのだから当たり前」「元々は国民から集めたお金だ」と聞こえてきそうだが、確かにもっともな意見である。しかし問題は、国家破産となればこれらの補助のほとんどがなくなった上で今よりもはるかに厳しく徴税されるという、とんでもないコトになるということだ。その事実に、早く気付いた方がよい。

国家破産とは、これまで日本人であるあなたに大いに味方し、後ろ盾となってくれていた国家が、突然態度を豹変しナイフを持って襲い掛かってくるようなものなのである。ハイパーインフレ、預金封鎖、財産税、年金の大幅カットなどが次々に襲い掛かってくる。それに対して、まったく何も備えていないのではお話にならない。

「三十六計逃げるに如かず」の言葉の通り、あまりにひどいことが起きた時にはまともに正面切って向かい合うのではなく、ただ逃げるしかない。その逃げ道を確保しておく作業（国家破産に対する準備）を、怠ってはいけない。

心掛け一一　心の修業をしよう

国家破産に対する具体的な対策は後に章を取って説明するが、どの対策よりもまず取り組む必要があるのは、〝心の修業〟である。先の一〇の項目で述べた通り、国家破産とは今まで頼ってきた存在に裏切られ、周りのほとんどが敵になるような状態である。そんな状態でも絶望することなく、自分一人で戦い抜かなければいけない。それには、何より〝強い精神力〟が必要である。

国家破産という強大な怪物に恐れをなし、委縮してその場に座り込んではいけない。立ち上がり向かって戦えとまでは言わないが、避けたり防いだりしながらその怪物がひとしきり暴れ疲れて動きを止めるまで時間を稼ぐのである。

では、心の修業とはどのようなことを行なうとよいのか。これは人それぞれだが、たとえば日本古来の修業である「禅」なども一つの方法である。禅は、今では日本だけでなく欧米のトップ層にも広がりを見せている。たとえば、米アップル社の元CEOであったスティーブ・ジョブズ氏は禅に大変興味を持ち、実践していたという。その関係で、何度も京都に訪れ有名な寺社を訪ねている。特にお気に入りは、幽玄な庭を備えた龍安寺であり、そこでジョブズ氏は瞑想に耽ったという。ジョブズ氏は自らを曹洞宗の禅僧であると語り、ジョブズ氏が亡くなる前年二〇一〇年に京都に訪れた際には、福井県にある曹洞宗の大本山である永平寺への訪問を希望したほどだ。

禅に限らず、会社のトップや一流のアスリートが瞑想を習慣化していることはよく聞く話である。それ以外にも、マイクロソフト元CEOのビル・ゲイツ氏のように大量の本をじっくり読むことを習慣化しているケースもある。彼は、分厚い書籍を年五〇冊以上も読むそうである。

このような、瞑想であったり、読書であったり、一人気持ちを落ち着けてじっくり取り組む作業は、心の修業にはもってこいかもしれない。いずれにしても、国家破産時に泰然自若《たいぜんじじゃく》な姿勢でパニックにならず冷静に対処する心持ちを養いたい。

心掛け一二　生き残れたら、困難な状況にある人々を助けよう

イギリスの慈善団体ＣＡＦ（Charity Aid Foundation）が毎年「世界寄付指数」を作成しており、直近では二〇二二年度版が発表されている。世界一一九ヵ国を対象に「助けを必要としている人を手助けしたか」「慈善団体に寄付したか」「ボランティア活動に参加したか」などの質問に対する回答を基に、指数化・ランキング化がされている。

その上位一〜五位を確認すると、一位インドネシア、二位ケニア、三位アメリカ、四位オーストラリア、五位ニュージーランドとなっている。特にインドネシアは、五年連続首位と言うからその民度の高さに頭が下がる思いである。

では、肝心の日本は何位だろうか。実は一一八位で、見事〝ブービー賞〟である。しかも、その前の二〇二一年版では一一四ヵ国中一一四位と、なんと最下位なのである。つまり、日本人は容易に人助けをせず、寄付をせず、ボランティアをしない国民であるということだ。この結果には、日本人の気質や性格も関わっているのだろう。日本人は人に助けを求める前に、自分で何とかしようとする。だから人から助けを求められる機会は少なく、人助けが習慣化していない可能性がある。また、慎重で内気でもあるため、気軽に寄付をしたりボランティアをしたりすることも身に付いていないのかもしれない。

ただ、ここで重要なことは日本の「世界寄付指数」の低さを要因分析することではない。問題は、この「世界寄付指数」の低い日本において国家破産などというとんでもない事態が起きて困ったとしても、周りの助けを期待してはいけないということである。周りを当てにせず、何が起きても助けがいらないようにしっかり準備をしておくことが重要である。そして、自分をしっかり守ることができたら、今度はぜひ周りを助けてほしい。

国家破産が起きた際、ただでさえ助かる人はごく一部に限られる。極端な二極分化が起き、九五％の生活に困った人と五％の勝ち組に分かれるだろう。そうなった時、まずは何としてもその五％の勝ち組に入るよう入念な準備をしておこう。そして、きちんと勝ち組に入ることができれば、今度は少しでもよいから世のため人のためになるよう有意義な行動に出てほしい。その時には、国家破産という未曽有の危機に乗じて見事殖やすことができた資産の一～二割を、周りの困った人を助けるために使ってほしい。志は高く持とう‼

心掛け一三　自分だけがよければよいという気持ちを捨てて、日本の将来と子孫のために大きな志と思想を持とう

日本では幕末から明治の革命期においてたくさんの人材が輩出された。吉田松陰から始まり勝海舟、坂本龍馬、高杉晋作、桂小五郎、西郷隆盛、大久保利通……。各々活躍する場は違えど、皆日本の将来のため子孫のために大きな志

と思想を持ち、自らのことは二の次で国事に命をかけた一角《ひとかど》の人物たちである。

そんな中で、後藤新平という男がいる。彼は医者であり政治家でもあった。大規模な都市計画のスペシャリストでもあり鉄道院総裁として国内の鉄道を整備したのみならず、台湾総督府民政長官としても尽力し、「台湾近代化の父」と呼ばれた。また、関東大震災後に内務大臣兼帝都復興院総裁として東京都市計画を立案し、遂行している。そんな彼が、亡くなる数日前に残した有名な言葉があるので、この章の最後に紹介しておこう——「金を残して死ぬのは下だ、事業を残して死ぬのは中だ、人を残して死ぬのは上だ」。

まず、皆さんは国家破産に対して万全の準備を行なっていただき、いざそれが起きてもしっかりと資産を守り、その中でチャンスを狙って殖やしていただきたい。その上で、国家破産後には国は疲弊し、ほとんどの日本国民が困窮しているだろうから、その中で人々を力強く引っ張るリーダーとして日本の将来を担う人物になっていただきたい。そういった気概を持って、大混乱を生き残って行っていただければ、私の願いも天まで届くというものだ。

第三章

勝ち残るための〝鉄則〟
──あなたが守るべき一五の掟

時を得る者は栄え、時を失う者は滅ぶ。

（列子：思想家）

激動の時代を勝ち残るための鉄則

国家破産のような激動の時代は、小手先のテクニックだけで乗り切れるものではない。決してブレることのない考え方の軸が必要になる。本章では、国家破産という激動の時代に勝ち残るための〝鉄則〟をお伝えしよう。

鉄則１　国を信用するな

平和な時代が長かったこともあり、全般に日本人は独立心に乏しい。景気が悪くなったり、何かコトが起こっても「誰かが助けてくれる」「国が何とかしてくれる」という考えの人が目立つ。選挙では「ほとんど国民の負担もなしに実現されるバラ色の未来」を公約する者だけが当選してきた。銀行が潰れそうになれば公的資金で救済し、株価が下落すればＰＫＯ（株価維持政策）や日銀の

ETF買いで買い支えてきた。

企業も国民も国に依存する。このような傾向は、コロナ禍でより顕著になったと感じる。新型コロナウイルスの感染拡大により、飲食業、観光業、運輸業など多くの業界や企業、そしてそこで働く人たちが大変な苦境に追い込まれた。このような厳しい状況にある人たちへの財政支援は、当然必要だ。しかし、コロナを口実に何でもかんでもばら撒くようでは、国家財政はもたない。

意外と認識している人は少ないが、実は政府自体には元々、お金はない。民間、つまり私たち個人や企業から税金を徴収して財政を運営しているわけだ。ところが実際には、日本の国家予算は税収ではまったく足りず、毎年巨額の借金をして予算を組んでいる。

現在、日本は対外債権国だから、政府の借金は国内で賄われている。そのため日本国政府が破産した場合、困るのは日本国民ということになる。増税やインフレ、金利上昇などの形で国民に負担がのし掛かる。事実上、私たち民間の財産で国の借金を穴埋めすることになり、私たちの財産が国に奪われるということだ。この期におよんでまだ国に頼ろうとする人には、国と共倒れする運命が待ち受ける。自分の身と財産は自分で守るしかない。厳しいがそれが現実だ。これまで破産した多くの国で、国を過度に信用した人々が厳しい目に遭ってきた。国や他人に依存する人は、国家破産という困難な時代を生き残ることはまず不可能だ。自分の力で困難を乗り越える、という姿勢こそが求められるのだ。

鉄則2　日本のマスコミは役立たずと思うべし

国と同様に、メディアによる報道も闇雲《やみくも》に信用してはいけない。多くのメディアは商業主義に毒されているためか、物事の本質を掴みそれをわかりやすく報道する能力に欠けている。先々のことを予測する能力がない。と言うよりも、そもそも予測をするために作られた機関ではなく、それを期待すること自体が間違いだ。

将来を予測することは、おそらく多くの人が考える以上にとても大切なことだ。もちろん、人間の予測などたかが知れている。私も経済ジャーナリストとしてこれまで多くの経済予測を行なってきて外れた予測も多いが、私が九〇年のバブル崩壊後の金融危機、大不況など、経済の重要な節目で多くの予測を当ててこられたのは、やはり真剣に将来を予測しようと努めてきたからだ。

予測する力は、想像力と言い換えてもよいだろう。たとえば、車の運転を考えてみよう。ドライバーにとって、事故を防ぐためには「道路交通法」などの交通ルールを守ることがとても大切なのは言うまでもない。道交法を厳格に守るだけでもかなりの交通事故を防ぐことができるだろうが、それでもすべての事故を防ぐのは無理だ。

そこで重要になるのが予測する力、つまり想像力だ。ある程度の経験と知識、良識のあるドライバーなら、この力を駆使しながら運転しているはずだ。たとえば、制限速度が時速三〇キロの道路がある。車にとって三〇キロという速度は、かなりの低速だ。一般的には危険な速度ではないと考える人が多いかもしれない。しかし、道路状況によっては三〇キロという速度でも速過ぎて危険ということもある。住宅地にある道幅の細い道路などでは、交差する左右の小道から突然、自転車が飛び出してくるかもしれない。子供が飛び出してくるかもしれない。そのような状況で時速三〇キロで走っていたら、急ブレーキを踏んでも衝突は必至だ。だから、まともなドライバーならそのような危険を想定して、衝突を回避できる速度で走るものだ。その時の速度は、時速一〇キロでも速い。おそらく、五キロ以下の微速になっているはずだ。

この車の運転の例でもわかるが、実は予測が当たるか外れるかなど、どうでもいいことなのだ。「飛び出してくるかもしれない」と予測する、想像することこそが大切なのだ。結果、「誰も飛び出してこなかった」（つまり予測が外れた）ら安全で何よりだし、「子供が飛び出してきた」（つまり予測が当たった）ら十分減速していてほぼ瞬時に止まることができるから衝突を回避できる。それが、予測していなかったらどうだろう。時速三〇キロの「ハイスピード」でいきなり子供と出くわす。急ブレーキを掛けても間に合うわけがない。子供を死傷させてしまったら、「制限速度を守っていた」などというのは言い訳にもならない。

経済予測も同じだ。将来を必死に考え、リスクを想定しておくことにこそ大きな意味があるのだ。その点で、日本のマスコミは失格と言わざるを得ない。それは、バブル期の彼らの報道姿勢にもよく表れている。バブルの危険性を警告するどころか、それに乗らないヤツは馬鹿だと言わんばかりの特集まで、大手新聞には掲載されていた。

日本の財政についても、日本のマスコミの報道は踏み込み不足と言わざるを得ない。これだけ破綻リスクが高まっているにも関わらず、マスコミの報道と言えば国債の発行額など悪化した財政状態の説明に終始し、財政危機を回避する方策や破綻に備えた対策について具体的に提言するような報道にはまずお目に掛かれない。実際に国家破産が起きてから騒ぎ出すようでは、遅いのだ。

鉄則3　危機が始まってから手を打とうとしても〝あとの祭り〟

あなたが国家破産という危機を本気で乗り越えたいのなら、日本のマスコミの一歩も二歩も先を行かなければならない。国家破産ということが起きてから慌てて対策を講じるようでは、手遅れだ。

たとえば、日本国債がデフォルト（債務不履行）するなどして、国家破産が誰の目にも明らかな状態になると、市場は信じられないほどの速さで激変する。為替市場では円の価値が暴落し、それを反映して物価が暴騰する。

そんな時に頼りになるのが、世界で最も信用力のある米ドルだ。米ドルがあれば、インフレにも対応できる。たとえば、物価が一〇倍になったとする。一〇〇円で売られていた缶コーヒーは一〇〇〇円になる。一〇〇〇円札の価値は、実質的に一〇〇円に〝暴落〟したことになる。円の価値が一〇分の一になったわけで、それは為替レートにも反映されることになる。仮に、インフレが起きる前のレートが一ドル＝一〇〇円だったとすると、単純計算で一ドル＝一〇〇〇円になる。ドルを持っていれば、インフレ前もインフレ後も缶コーヒーは一ドルで買えるわけだ。

そんなわけで、国が破産して通貨価値が暴落すると誰もが米ドルを求める。

米ドルを持つ者と持たざる者との立場の差は、それこそ天国と地獄だ。

その差は、実際の為替レートにさらに上乗せされる。仮に、政府が認める公式レートが一ドル＝一〇〇〇円だったとしても、このレートで米ドルを手に入れることはまず難しい。なにしろ誰もが米ドルを必要とするから、どうしても米ドルが不足する。米ドルの売り手が圧倒的優位に立つ状況だ。米ドルの価値は上乗せされ、実際の取引で使用される実勢レートは、たとえば一ドル＝一二〇〇円とか一三〇〇円などになってもなんら不思議ではない。

実際、これまで破産した多くの国でも公式レートと実勢レート（闇レート）の間には大きな乖離が生じている。円しか持っていない状態で国家破産に突入したら、悲惨極まりない。米ドルの売り手に足元を見られ、一ドルを手に入れるのに一体何円払うハメになるか、わかったものではない。

国家破産時に資産を守るためには、海外の活用も非常に重要になる。せっかく資産を米ドルにしておいても、預金などの金融商品で国内に保管していたら預金封鎖などで事実上、政府の管理下に置かれる可能性がある。

しかし、海外に資産を出しておけば、他国である日本国政府が封鎖することなどできない。だから、米ドル建ての資産を海外で保有する。具体的には、「海外ファンド」や「海外銀行口座」を利用するのが有効だ。

だが、これについても出遅れたら後悔することになる。預金封鎖が行なわれるような状況になれば、海外送金にも制限が掛けられる可能性が極めて高いからだ。送金できなければ、海外ファンドも海外口座も利用することは不可能だ。

しかも厄介なことに、国内外の規制を受け、海外送金制限はすでに一部で始まっている。某大手都銀では、現在でもすでに海外ファンドへの送金は受け付けていないし、ファンドに限らず海外送金自体も地方銀行を中心に多くの銀行が縮小、あるいは中止へと動いている。下手をすると、国家破産に至る前に海外送金ができなくなる事態すらあり得る。悠長に構えている場合ではない、ということだ。

鉄則4 一〇年は気を抜くな！

過去の事例を見ればわかるが、国家が破産するとその影響はかなりの長期におよぶことになる。ソ連崩壊後の混乱の中、国家破産に陥ったロシアの例を挙げよう。かつてのソ連は、一九八〇年代当時アメリカとの激しい核軍拡競争に敗れ、その後財政が破綻し、国家も消滅した。

一九九一年のソ連崩壊直後から一九九三年に掛けて、猛烈なハイパーインフレとルーブル安が人々を襲った。国家が完全に経済を統制していたソ連時代には考えられない物価の暴騰に、人々は翻弄された。最もひどい時は、年率七〇〇〇%程度のインフレが約三年間続いたようだ。これは、物価が一年間で七〇倍になる（ルーブルの価値は一年間で七〇分の一になる）ということだ。

その後、一九九五年から一九九七年に掛けて、一時的にロシアの景気は好転する。ようやく嵐が過ぎ去ったと多くの人々が安堵した矢先、国家破産という猛獣が再び牙を剥き始めた。一九九八年の「ロシア危機」だ。ロシア国債は「デフォルト」（債務不履行）し、ついに「預金封鎖」が行なわれた。経済が安定を取り戻し、人々が再び銀行にお金を預け始めていた矢先、預金は封鎖されてしまった。信じられないことに、貸し金庫の中の財産までもが没収されてしまった。金《きん》（ゴールド）、米ドル札、ダイヤモンドなど、それまでの激動を生き残った人々のなけなしの財産は、すべて国家に奪われた。

こうして、ほとんどの国民の財産は失われてしまった。このロシアの例からもわかるが、国家破産という混乱にも波がある。一時的な混乱が収まったとしても、決して安心してはいけない。第二波、第三波が襲うかもしれないからだ。少なくとも、一〇年は気を抜くべきではない。

鉄則５　一度海外に移した資産は、絶対国内に戻すな

国家破産対策においては、海外に資産を出すことがとても重要になるが、

せっかく海外に移した資産を国内に戻そうとする人がいる。どうしてもそのお金が必要という場合は仕方がないが、そうでない場合は基本的に国内に戻すべきではない。そもそも、日本のリスクから回避するために海外に資産を移したのに、わざわざリスクの高い日本に戻しては意味がない。

海外の資産を国内の銀行に戻したあと、預金が封鎖されてしまったら元も子もない。また、前述のように海外送金制限はすでに一部で始まっている。近い将来、海外送金がまったくできなくなる事態もあり得ないとは言えない状況なのだ。海外ファンドや海外口座を利用し、資産の一定部分はなるべく早めに海外に移しておくのが賢明だ。

それにも関わらず、国内に資産を戻す人がいる。その大きな理由は〝年齢〟だ。海外投資というのは、国内投資と比べれば売買手続きや管理にどうしても手間が掛かる。ましてや、投資家本人が亡くなってしまうと相続関係の手続きも加わり、ますます骨の折れる作業になる。高齢になり、終活の一環として海外の資産を国内に戻して相続を円滑に進めるというのは、一般的には合理的な判断と言える。しかし、それは平時について言えることであり、こと国家破産対策の観点ではまったく合理的な判断とは言えない。

相続に絡む海外資産の手続きは、確かに煩雑な部分はあるが、やり方によっては手間暇やコストなどの負担をぐっと軽減させることも可能だ。ファンドや銀行口座の名義を共同名義にしたり、遺言書を作成しておくなどの方法があるが、個々のファンドや銀行口座により有効な方法は異なる。それぞれのファンドや銀行口座に精通した専門家のアドバイスを受けながら適切な対策を採れば、過度の心配は無用だ。

鉄則6　金は没収の対象となる可能性が高いことを理解して別の手段も用意する

「有事の金《きん》」と言われるように、金《きん》は戦争や金融危機などの有事に強みを発揮する。紙幣などと異なり、金《きん》はそれ自体に価値がある実物資産だから、信用リスク（債券や株式を発行する国や企業などの財務状態が悪くなったりすることで、債務が回収できなくなるリスク）が高まると、お金の逃避先に利用される結果、値上がりしやすいのだ。

また、金《きん》は「モノ」だから通貨価値が下がり物価、つまりモノの価値が上がるインフレ時には基本的に強い。しかも金《きん》は国際商品であり、ドル建ての価格がベースになる。そのため、為替レートが円安／ドル高に振れれば、円換算した金《きん》価格は上昇する。日本の財政が破綻し、ハイパーインフレが起きれば円の暴落はほぼ避けられない。つまりハイパーインフレ（＝超円安）時には、日本国内の円建て金《きん》価格はかなりの値上がりが期待できるわけだ。

このように、金《きん》は国家破産対策に非常に有効だ。「それなら国家破産対策は金《きん》だけで十分」と考える人もいるかもしれない。本当にそうだろうか？　実は、金《きん》には独自の性質があり、その性質は国家破産対策という観点からも非常に有効な面もあれば、逆にまったく対策にならない面も持ち合わせている。これらの面をしっかり理解しておかなければ、国家破産対策として金《きん》を保有したことがむしろ仇《あだ》になる可能性さえあるのだ。

にわかには信じられないかもしれないが、一般市民が保有する金《きん》には国家によって没収されるリスクがある。実例を挙げよう。一九三三年、アメリカのルーズベルト大統領は大統領令六一〇二号を公布した。これにより、アメリカ国内の個人や企業が金《きん》（金《きん》地金・金貨・金《きん》証書）を保有することが禁止された。そして保有している金《きん》は、一オンス＝二〇・六七ドルの価格で強制的に没収された。そして翌一九三四年には、金《きん》価格を一オンス＝三五ドルに引き上げ、固定した。

当時は世界恐慌の最中にあり、経済を刺激して不況を克服する必要があった。ところが、当時のアメリカは金本位制を導入していたため、十分に紙幣を発行することができない。そこで、金《きん》を没収したあと金《きん》価格を引き上げることで金《きん》に対するドルの価値を下げ、デフレから脱却しようとした。金本位制という制約の中で、今で言うところの「量的緩和」のような効果を狙ったわけだ。

金《きん》価格が引き上げられても当然、アメリカの一般市民が金《きん》を保有することはできない。一九七四年まで約四〇年もの間、アメリカでは一般市民の金《きん》保有が禁じられたのだ。

さて、日本においても金《きん》の没収はあるのだろうか？　私は、十分あり得ると考えている。実は、終戦直後の日本でも金《きん》が没収された事例はある。進駐米軍により政府、日銀、民間企業、個人に至るまで、日本国内にあった金《きん》、銀、白金などの貴金属はことごとく接収されたのだ。

もちろん、世界恐慌の最中にも関わらず金本位制という制約のため十分な景気対策が採れず、いわば苦肉の策として金《きん》の没収を行なった当時のアメリカや、駐留米軍により貴金属が接収された占領統治下の日本と現在の日本とでは、まったくと言ってよいほどに状況が異なる。金本位制という制約のない現代では、日本に限らず多くの国々で膨大な金額のマネーが供給されている。国民から金《きん》を没収する程度で日本の財政を立て直すことなど、到底不可能だ。

しかし、だからと言って金《きん》の没収など絶対に起こらないと考える方がどうかしている。金《きん》は価値が非常に安定していて、しかも今世紀に入り一貫してその価値が上昇し続けている。国家にとっても、金《きん》は非常に利用価値の高い資産に

800 万円（当時のレートで約 50 万ドル）の大量の銀が、地下４メートルに隠匿されていたのが発覚。コイル状に巻かれ、箱詰めにされていた。1947 年 10 月３日、日本にて撮影。（写真提供：近現代 PL/ アフロ）

違いない。

実際、国家が個人の金《きん》保有を禁止する可能性があると考える金融関係者もいる。「ブルームバーグ」（二〇二〇年五月二一日付）には、そんな金融関係者の見解が報じられている。


欧州の著名ヘッジファンド運用者、クリスピン・オデイ氏は、新型コロナウイルス危機の余波でインフレをコントロールできなくなった場合、各国政府は個人による金保有を禁止する可能性があるとの見方を示した。

オデイ氏は投資家宛ての書簡で「人々が金を買っていることに驚きはない。だが当局はどこかの時点で個人による保有を違法とする可能性がある」と指摘。その上で、「世界貿易のための安定した勘定単位を作り出す必要があると当局が考えた場合にのみ、そうした措置が講じられるだろう」と加えた。

（中略）

「歴史を振り返れば、危機時において統治者が貨幣価値の引き下げという手段を用いた例はいくらでも見つかる」

（ブルームバーグ二〇二〇年五月二一日付）

一般に、インフレになれば金《きん》価格は上昇する。日本の財政が破綻しハイパーインフレが起きれば、国内の円建て金《きん》価格はとめどもなく上昇するに違いない。資産防衛のために金《きん》の保有を考える日本人も急増するだろう。それは、国家にとって没収の格好のターゲットになり得る。金《きん》は、国家の非常事態の際に没収されるリスクがある以上、それをカバーする別の手段を考えておく必要がある。最も有効と考えられるのが、「ダイヤモンドの保有」だ。

ダイヤモンドは金《きん》と比べてスプレッド（売買価格差）が非常に大きく、基本的には投資に不向きだ。しかし、そのことがかえって国家権力による没収リスクを回避する可能性を高める。スプレッドが大きいと、買値を上回る価格で売ることは容易ではない。また、価格の評価も金《きん》のように単純ではない。金《きん》であれば価格は「一グラム（あるいは一オンス）いくら」と明瞭に決まるが、ダイヤモンドの場合はたとえ同じ一カラットのものでも価格は大きく異なる。カラット（重さ、大きさ）だけでなく、透明度や色、輝きなどの違いにより価格が決まる。専門的な知識、技術がなければ、ダイヤモンドを適正に評価することは難しい。

スプレッドが大きく利益を上げるのが容易ではないことと、適正な価格の評価が素人には難しいことから、投資対象や資産保全の手段としてダイヤモンドを選ぶ人は決して多くない。そのため、国家権力のダイヤモンドに対する注目度は高くないと考えられ、金《きん》などの資産没収のリスクをヘッジするのに有効というわけだ。

また、金《きん》に比べ軽くてかさばらないのもダイヤモンドのメリットだ。ダイヤモンドの比重は三・五二と金《きん》の五分の一弱で、直径数ミリメートルの一般的なサイズのもので重さは一グラムにも満たない。こんなに小さくて軽いのに、その価値は数百万円～数千万円もあるわけだから、数億円分のダイヤモンドを持ち運ぶのは小さな子供にだってできる。そのため、古くから特にヨーロッパの富裕層たちの間で、有事の際にまとまった資産を容易に持ち出せる手段としてダイヤモンドが利用されてきた。これまで有事や様々な危機に直面した際に、ダイヤモンドのお陰で命拾いした人が数多くいる。ダイヤモンドは炭素だから、金属探知機にも反応しない。

国家破産時には社会が混乱し、治安も悪化すると考えられる。状況によっては、手元の財産を持ってどこかに避難しなければならなくなるかもしれない。そのような時に、まとまった資産を持ち運ぶのに最も適しているのがダイヤモンドなのだ。資産防衛としてのダイヤモンド活用に興味があるという方に向けて、そのノウハウをお伝えする「ダイヤモンド投資情報センター」を設置した。ぜひ、巻末の情報を参照していただきたい。

鉄則7　自分がやるべきことをすべて書き出す

何事においてもそうだが、国家破産対策についても基本と呼ぶべきものがあり、それに基づいていくつかの対策が考えられる。「やるべきことは一つ」という単純なものではない。未来のことが誰にもわからない以上、対策が一つだけというのはダメだ。前述の「金《きん》没収」の例が示すように、せっかく講じた対策がまったく役に立たない可能性だってあるのだ。

ただし、誤解しないでいただきたいのは、金《きん》の保有が国家破産対策としてまったく無意味だと申し上げているわけではないことだ。インフレ時に値上がりが見込め、基本的に無価値になることがない金《きん》は、国家破産対策に欠かせない資産であることに疑いの余地はない。当然、金《きん》を保有すべきだが、それと併せて金《きん》が没収されるリスクをカバーするためにダイヤモンドも保有すべきだと申し上げているのだ。とにかく国家破産を生き残るためには、複数の対策手段を用意しておかなければならない。

日本の財政状況を知り、国家破産対策を打とうとしても、最初は具体的に何をすればよいかわからないものだ。そこで、まずは情報収集が必要になる。日本人は国際的に見て金融リテラシーが低いと言われるが、「経済や金融のことはまったくわからない」ということでは、国家破産時代を生き抜く上でどうしても不利になる。

たとえば、実際にハイパーインフレになってしまえば、理屈抜きにお金が紙キレ同然で無価値であることは幼い子供でもわかる。しかし、その時に初めて気付いても、時すでに遅しなのだ。「インフレ時はお金の価値が下がる」「国家破産は極度のインフレをもたらす」といった、ごく基本的な経済知識さえあればあらかじめ手を打つことができる。

経済学者のような学術的な専門知識など必要ないが、せめて中学校の社会科で学ぶレベルの経済・金融知識は身に付けておきたい。書店に行けば、初歩から経済や金融を解説する本はいくらでも見つかる。インターネットの情報から学ぶことだってできる。中学校レベルの経済・金融知識が身に付けば、日本経済新聞の経済・金融関連記事の二割くらいは、内容をほぼ理解できるようになるだろう。その段階になったら、ぜひ日本経済新聞の購読にもチャレンジするとよい。

日本経済新聞を読み続け、記事にある言葉の意味を調べ、理解し、覚えるといった努力を続ければ、経済・金融関連記事の五割程度の記事の内容はすぐに理解できるようになる。「もう少し頑張ってみよう」という人は、さらに地道な努力・学習を続ければ、いずれは経済・金融関連記事の七~八割程度の記事の内容をほぼ完全に理解できるようになる。

ただし、ここまで到達するには普通は何年も掛かるし、国家破産対策の観点では必ずしもそこまで能力を高める必要はない。とりあえずは日本経済新聞の経済・金融関連記事のうち、五割程度の記事の内容がほぼ理解できるところを目指したい。経済や金融の基礎知識が身に付けば、ビジネス書やビジネス誌、テレビなどの経済ニュースなどから得られる情報に対しても感度が上がり、理解が深まるだろう。

「これは役に立つ」という本が見つかった場合は、二冊購入することをお勧めする。一冊は、それこそボロボロになるまで徹底的に書き込む。特に大事なページは、切り取ってトイレなど目に付くところに貼っておく。そして、もう一冊はきれいに保存しておいて、何かあった時にまた読むのだ。本当に重要な本は、繰り返し読むべきだ。何回も読み込み、自分の血とし肉として本当にやるべきことを決めて行くことだ。

長年、破産した国に何度も足を運び、現地の人々の生の声を聴いた上で、資産を防衛するのに真に有効な対策を考えてきた私の著作も大いに役立つと自負している。その著作群の中でもぜひ皆さんに読んでほしいのは『1ドル＝200円時代がやってくる‼』と『２０２６年日本国破産〈現地突撃レポート編〉』と『ドル建て金持ち、円建て貧乏』（いずれも第二海援隊刊）だ。もし書店にない時は直接第二海援隊（ＴＥＬ：〇三－三二九一－一八二一、ＦＡＸ：〇三－三二九一－一八二〇、メール：hon@dainikaientai.co.jp）に申し込んでほしい。

国家破産を生き残るには、自分自身の努力が何よりも大切になるが、一方で現代のように世の中の仕組みが複雑化した時代には、あらゆることをすべて自分ひとりで認識し、処理することは不可能だ。その意味で、優秀なアドバイザーを確保することも国家破産を生き抜く上で大きな武器になる。国家破産対策にしても、対策を採る時間が十分あれば自分自身でじっくり勉強すればよいが、私たちにはそれほど長い時間が残されているわけではない。その点で、優秀なアドバイザーの力を借りるのが効率的だ。

「優秀なアドバイザー」と言われても、当てがないという方も多いだろう。そのような人は、私が主宰する会員制クラブを利用するのも選択肢だ。資産規模別に「プラチナクラブ」「ロイヤル資産クラブ」「自分年金クラブ」があり、各クラブの会員の方々に対し、国家破産時に資産を守り殖やす具体的な方法について助言を行なっている。関心のある方は、巻末の二〇六ページをご参照いただきたい。

以上を参考に、自分がやるべきことをすべてリストアップし、一覧表にするとよい。

国家破産対策――やるべきこととタイムスケジュール例

202X年X月	情報収集を本格的に始める
202X年X月	会員制クラブに入会する
202X年X月	住宅ローンを固定金利に変更する
	国内銀行で外貨預金口座を作る
	時期を分けて、 円預金を外貨預金に移す (円高のタイミングで、半年〜1年くらいかけて)
	米ドル現金を入手する (円高のタイミングで、半年〜1年くらいかけて)
	金（ゴールド）の現物を入手する
	ダイヤモンドの現物を入手する
202X年X月	海外ファンドに投資する（1回目）
202X年X月	海外銀行口座を開く
202X年X月	海外ファンドに投資する（2回目）
202X年X月	海外ファンドに投資する（3回目）
202X年X月	国内銀行の外貨預金を下ろし、 海外口座に移す
202X年X月	米ドル現金をさらに増やす
202X年X月	金を半分処分し、 ダイヤモンドを買い増す

鉄則8　対策を打つための詳しいタイムスケジュールを作る

自分が「やるべきことをリストアップ」したら、それをもとに「いつ、何をするか」詳しいタイムスケジュールを作るとよい。一四七ページにやるべきこととタイムスケジュールの一例を示したので、参考にしていただきたい。

鉄則9　鉄則7と鉄則8を基にチェックリストを作る

やるべきことのリストアップとタイムスケジュールの作成が終わったら、それを基に「チェックリスト」を作ろう。

一四九ページにチェックリストの一例を示したので、参考にしていただきたい。作成したチェックリストは、漏れや修正すべき部分がないか、夫婦など家族でよく確認しよう。

国家破産対策——チェックリスト例

チェック	日時	チェック項目
	202X年X月	会員制クラブに入会する
	202X年X月	住宅ローンを 固定金利に変更する
	202X年X月	国内銀行で外貨預金口座を作る
	202X年X月	円預金を外貨預金に移す
	202X年X月	米ドル現金を入手する
	202X年X月	金（ゴールド）の現物を入手する
	202X年X月	ダイヤモンドの現物を入手する
	202X年X月	海外ファンドに投資する（1回目）
	202X年X月	海外銀行口座を開く
	202X年X月	海外口座のデビットカードの 利用方法をマスターする
	202X年X月	海外ファンドに投資する（2回目）
	202X年X月	海外ファンドに投資する（3回目）
	202X年X月	国内銀行の外貨預金を下ろし、 海外口座に移す
	202X年X月	米ドル現金をさらに増やす
	202X年X月	金を半分処分し、 ダイヤモンドを買い増す

※状況に合わせて常に更新することが大切

鉄則10 チェックリストを基に、どこまで進んだかをきちんと確認する

チェックリストを作ったら、いよいよそれを実行に移す。完了した項目にはチェックを入れ、対策がどこまで進んだか確認しておきたい。

また、チェックリストはどんなにじっくり練り上げたものであっても、常に更新する必要がある。状況が変わるからだ。特に何かのきっかけで状況がさらに悪化した場合、当初のチェックリストに組み入れた対策の実施時期を前倒しで行なう必要も出てくるかもしれない。作成したチェックリストはこまめに確認し、必要があれば更新しよう。

鉄則11 ハイパーインフレ時も「不動産を持っていれば大丈夫」という迷信を捨てる

一般に、不動産はインフレに強いから国家破産対策に不動産は有効だと考える人も少なくないが、これは少々危険な考えだ。特に、日本の不動産についてはそうだと言える。日本では、急速な少子高齢化により全国的には住宅が余っている。国内需給で見れば、全体として不動産価格は下がって行くのが自然の流れだ。闇雲に不動産に手を出しても、インフレにより実質的な価値は下がってしまう可能性が高い。

一方で、近年の世界的な不動産価格高騰は日本の不動産の割安感を強め、海外の企業や個人が日本の不動産を物色する動きが強まっている。その点で、東京都心の一等地や外国人に人気のリゾート地などは有望とは言える。

しかし、日本は災害大国だ。巨大地震や津波、富士山などの大規模噴火といった深刻な災害の前には、都心の一等地とて無力だ。

また、不動産は文字通り持ち運びができないため、国にとっては資産の把握が容易だ。そのため、財政危機の際には課税や増税の対象になりやすい面がある。実際、財政破綻したギリシャでは、日本の固定資産税に相当する不動産税が新たに導入された。

日本でも、破綻した夕張市で固定資産税の税率が引き上げられている。よほどの資産家で、資産の分散の一部として保有するならまだしも、数千万円あるいはせいぜい一億円程度の資産規模の人は、自宅以外の不動産は不要だろう。

鉄則12 本書の内容を忠実に実行する

国家破産を生き残るには周到な準備が必要だ。情報収集も大事だし、勉強して知識や理解を深めることも大事だ。しかし、そこで終わってしまっては何の意味もない。たまに、考える（悩む？）ばかりで一向に行動に移せない人を見かけるが、実際に行動に移さない限り、状況は何も変わらない。

また、実際に行動してみて、初めて実感としてよくわかるということも少なくない。国家破産対策のチェックリストに挙げたことでも、いざやってみると絶対に外せないポイントや改善すべき点が見えてくるものだ。

実践や体験を通して得た学びは、机上の学習の何倍も価値あるものになるはずだ。一通りの情報収集をして、やるべきことをリストアップしたら、あとは実際に行動してみることだ。

鉄則13　円ベースで資産を殖やしておけば、財産税も怖くない

国家破産の怖さの一つに、「財産税」がある。

敗戦後の日本でも極めて過酷な財産税が課せられた。一〇万円超（当時の円の価値での一〇万円であり今で言えば四〇〇〇万円相当となる）の資産を保有している人が課税の対象となり、資産の額が多いほど税率が上がる超過累進課税が採られた。最低税率は二五％、一五〇〇万円を超える金額に対しては九

〇%の税率が課せられた。最高税率九〇%と聞くとゾッとするが、当時の一五〇〇万円は現在の六〇億円くらいに相当する大金だ。日本の富裕層でも数十億円の金融資産を保有する世帯はごくひと握りで、野村総合研究所の調査による純金融資産保有額が五億円以上の「超富裕層」の世帯数は八万七〇〇〇世帯である。これは、全世帯数のわずか〇・一六%に過ぎない。超富裕層全体の金融資産額は九七兆円で、世帯平均にすると約一一億円になる。

このような、ごく一部の超富裕層を除けば、当時の財産税についても資産額全体に対する税率はそう極端に高いものではない。仮に資産額が二億円（当時の五〇万円）の場合でも、資産額全体に対する税率は四三・二%となる。つまり財産税は八六四〇万円となり、資産は半分以上残る。

もちろん、資産の半分近くを財産税で持って行かれるのは痛い。しかし、仮に二億円の資産を二倍の四億円に殖やすことができれば、財産税で半分持って行かれても二億円が残る。「言うのは簡単だが、そんなに上手くお金は殖えてくれない」と思う人が多いだろう。その通りだ。ただし、国家破産という特殊事情を考えると、円ベースで資産を殖やすことはそれほど難しいことではない。通常、国家が破産するとその国の通貨が暴落し、激しいインフレが起きる。日本で言えば、インフレに比例して極端な円安となる。

仮に、為替レートが一ドル＝一〇〇円から一ドル＝一〇〇〇円になったとしよう。一ドル＝一〇〇円の時に、あなたが一〇万ドル持っていたとすると、円ベースでは一〇〇〇万円になる。国家破産により、為替レートが一ドル＝一〇〇〇円になれば手元の一〇万ドルは円ベースで一億円になる。一億円に五〇％の財産税が掛けられると、五〇〇〇万円が残る。すると五〇％の財産税が掛けられても、円ベースでは資産は五倍（一〇〇〇万円→五〇〇〇万円）に殖えている。円ベースで資産を殖やしておけば、財産税も怖くない。

もちろん、インフレによる円の減価も影響するから外貨ベースで資産を殖やすことも大事だ。それには海外ファンドが有力な選択肢になる。それについては今後発刊予定の『２０２６年日本国破産〈対策編・下〉』（第二海援隊刊）で詳しく解説する。

鉄則14 慎重過ぎるくらい、心配性くらいでちょうどよい

これから私たちは「国家破産」という激動の時代を迎えることになる。その激動は、突然の大津波に襲われるようなものだ。国家破産のような危機は突然やってくるものであり、その時に慌てても遅いのだ。

「国の借金は多いけど、大丈夫だろう」「国家破産と言っても、なるようにしかならないし、まあ何とかなるよ」などと考える人がいれば、それはまったく甘い見通しだ。

慎重に慎重を重ねて対策を打たなければ、とてもではないが厳しい国家破産の時代を生き残ることはできない。実際に国家破産現象が起こっていない今であれば、「あいつはちょっと心配性だな」と思われるような準備をするくらいでちょうどよい。十分過ぎるくらいの、徹底した準備をしておくべきである。

鉄則15　周りが反対しても絶対にやれ！　一〇年後にはわかる

時代が大きく変化する時、その流れについて行ける人間は決して多くない。一九九〇年代のバブル崩壊とその後の状況を見ても、それはわかる。株や不動産が暴落を始めても、「なあに、景気が回復すればまた盛り返すさ」と高を括り手を打たなかった結果、企業も個人も壊滅的な打撃を受けた。

日本国が破産の危機に瀕している現在も、状況はほとんど変わらない。いまだにこの日本には、「先進国の日本が破産するはずがない」と信じて疑わない人がたくさんいる。せっかくあなたが国家破産の危機に気付き、手を打とうと考えても家族など周囲の人から反対されたとしたらあきらめるべきか？

答えはノーだ。他人や親兄弟が何を言おうと、正しいことは正しいのであり、誰に反対されても断固として対策を実行すべきだ。そしてそれが正しいかどうかは、一〇年後にはわかるはずだから。

第四章

対策――基礎編（国内でできること）

しっかりと準備もしていないのに、目標を語る資格はない。（イチロー）

国家破産対策において国内の資産は守りを重視

「攻め」と「守り」——これはあらゆる物事に存在するものだが、こと国家破産対策においてどちらが重要か。ここでは、国家破産対策も資産運用の一つの範疇《はんちゅう》に属するものと考えて話を進めよう。

資産運用には、「安定運用」と「積極運用」の攻守二つの側面がある。安定運用はなるべく資産を減らさないように安全性の高いもので運用することで、これは「守り」に当たる。一方で、積極運用は収益力を重視してある程度リスクを許容しながら運用することで、こちらは「攻め」の方である。どちらの資産運用に重きをおくかは、その人の考え方や状況によって異なる。

攻めを重視するという人は、〝攻撃は最大の防御なり〟の言葉を思い浮かべるかもしれない。この言葉は〝Attack is the best form of defense〟と、英語の慣用句にもあるほど世界的に有名な言葉である。

それに対して、あまり知られていないのが〝防御なくして攻撃なし〟というおよそ反対の言葉である。こちらはドイツ軍の参謀少佐クレメンス・ウィルヘルム・ヤコブ・メッケルの言葉と言われている。メッケルは一八八五年三月に教官としてドイツから日本に派遣された軍人で、メッケルがいなければ日本は日露戦争に勝利できなかったであろうと言われるほど、日本陸軍の発展に大いに貢献した人物である。特にその薫陶《くんとう》を受けたのが児玉源太郎であり、秋山好古らであった。そして、このメッケルが訪日中に使ったこの言葉を聞きアレンジしたのであろうか、のちに山縣有朋が放ったのが〝攻撃は最大の防御である〟の言葉であったと言われている。

では、こと国家破産対策という点では、攻守のどちらを重視するのがよいだろうか。結論は、どちらも重要ではあるものの、まずは〝守り〟を重視するのがよいということだ。国家破産とは驚天動地の大事件なので、まずはしっかり身を守ってほしい。その上で「ピンチはチャンス」という言葉を思い出して、攻めの姿勢も加えながら大きく資産を殖やすチャンスを狙うべきだ。

実は、そういったスタンスを示すぴったりな孫子の言葉がある。〝勝つべからざるは守なり、勝つべきは攻なり〟だ。勝てない時はしっかり守りを行なった上で、勝てそうなチャンスがあれば攻めに転じることを意味する。この言葉は、先に紹介した〝攻撃は最大の防御なり〟の語源であるとも言われている。

今回の『２０２６年日本国破産〈対策編・上〉』では、まず取り組むべき〝守り〟のスタイルに触れて行きたい。そこで本章では、日本国内で行なう資産分散の説明をさせていただく。その上で、今後発刊予定の『２０２６年日本国破産〈対策編・下〉』では、今度は海外を活用するなどした攻めを中心とした資産分散に触れる予定である。

それでは、国内で行なう資産分散について、なるべく具体的に説明しよう。単に「円安（インフレ）対策として実物資産を持つのがよい」などの一般論ではなく、具体的にどのような資産をどういった形で持つのがよいのか、その時の注意点は何かなどを事細かに解説して行きたいと思う。また、投資額や投資比率の目安もそれぞれ入れておくので、それらをよく読み込み、参考にしていただきながら、ぜひ国家破産対策の基本を実行してほしい。

銀行神話は夢まぼろし、円預金は「決済用預金」を活用すべき

日本では、バブル崩壊後の一九九〇年代まで銀行を中心に金融機関を保護する政策、〝護送船団方式〟が採られてきた。国が主導で銀行を絶対に潰さないように保護していたわけだ。それが、一九九六年から行なわれた「日本版金融ビッグバン」により護送船団方式はさすがに消えたが、その後も過度な銀行保護は継続し今なお続いているように見える。

二〇〇五年四月から本格的にペイオフが解禁され、円預金のみ一〇〇〇万円まで保護され外貨預金はその対象外となったが、それまで、またそれ以降に破綻した銀行や信用金庫などを見ると、円預金だけでなく外貨預金も含めてほぼすべてが全額保護されている。唯一、二〇一〇年に破綻した「日本振興銀行」だけが戦後初のペイオフ適用となり、実際に預金の一部がカットされた。この

銀行は独特な銀行で、中小企業向けの融資、定期預金専用で当座預金や普通預金は扱っていなかった。金融庁も「新たな形態の銀行等」と分類しており、この銀行が例外だったことがわかる。つまり、戦後日本において通常の預貯金の業務を行なう銀行などは、すべての預金で全額保護されてきているのだ。これが、銀行に預けておけば何があっても安全という銀行神話につながっていた。

ところが、これからはその〝銀行神話〟が通用しなくなる。破綻した銀行を救うはずの国が財政問題で機能不全に陥っているわけだから、厳格にペイオフが適用されるだろう。一金融機関で一預金者あたり元本一〇〇〇万円（＋利息）までが保護され、あとは銀行の傷み具合で預金がカットされる破綻処理がされるわけだ。これまでのような、〝全額補償〟は期待できない。

銀行預金の本質を考えると、破綻した時に資金が返ってこないかもしれないというのは当たり前の話である。この点を明確にご理解いただきたいのだが、銀行に預金をするという行為は、銀行にお金を貸すということだ。銀行は、預金者から借りたお金をほかに貸すなどして運用して収益を得ている。これは、企業が銀行から融資を受けてビジネスをする構造と何ら変わらない。だから借り手である銀行が破綻すれば、預金がカットされる可能性が出てくるのだ。

これまではその部分を国が保護していたため、実際に破綻しても預金がカットされることなく、そのような原則が成り立たなかった。しかし、だからといってこの原則を忘れてはいけない。つまり原理原則の通り、銀行が破綻すればペイオフが厳格に適応される可能性が高まっており、今までとは異なる本当の意味での〝自己責任〟が問われる時代に差し掛かっているのだ。

しかも、これら銀行の運用先を見ると、国が破綻またはそれに近しい状態になれば、銀行がそれに先駆けて破綻する可能性が高いことがわかる。それは、銀行の投資先に少なからぬ量の〝日本国債〟が含まれているためである。

昨今では日銀の国債購入によって一時期より銀行が抱える国債の量は減っているが、それでも日銀が発表する国債などの保有者内訳を確認すると、預金取扱機関が保有する国債は二〇二二年六月末時点で一八〇兆円にもなる。この一部が傷むことになれば、銀行は深刻なダメージを受けるのである。

では、国家破産対策を考えた時、銀行預金をどうしておくのがよいのだろうか。事前に全額おろしておけばよいのかと言えば、そうとも言えない。通常、公共料金の引き落としなどで預金を活用しているだろうし、盗難などの問題を考えると、ある程度の円預金は入れておく必要がある。その際、一〇〇〇万円以内であればペイオフが適応されて保護されるので、普通預金に入れておけばよい。そして一〇〇〇万円を超える資金は、「決済用預金」を活用しよう。

決済用預金は、利息が付かない預金で決済することを主目的とした口座である。この決済用預金に入っているお金は、銀行の都合で自由に使うことができないように定められているため、ペイオフが適用される事態になってもこのお金は金額の上限なく全額が保護される。現状では、円預金は普通預金や定期預金でもほぼ利息ゼロだから、一〇〇〇万円までは流動性を重視して普通預金に、それを超える資金は決済用預金に入れておくのがよいだろう。

ただ、決済用預金は銀行側としてほぼメリットがない口座だから、あまり積極的に勧めていない。しかし、こちらが頼めば銀行もそう嫌な顔をせずに口座を作ってくれるだろう。さらに、銀行が破綻した際に保護されるといっても、一旦おろせなくなるなどのタイムラグが生じるのでは困る。そのため、一つの銀行に頼るのではなく二つ、三つと複数の銀行に分散もしておこう。

「金曜日に気を付けろ」

国家破産時における金融危機の真っ只中で、どの銀行が潰れるかと皆が戦々恐々としている状況において、よく持ち出される格言のような言葉がある。それは、「金曜日に気を付けろ」だ。

日本において過去に数多くの銀行や信金が破綻しているが、その後処理は週末に行なわれることが多かった。月曜日から金曜日まで普通に営業していて、金曜日の営業終了後、店舗のシャッターが下りたあとに破綻を発表するのだ。破綻処理には当然時間が掛かるから、金曜日に破綻を宣言し、その翌日、翌々日の土日を処理にあてるためだ。土、日の間にほかの金融機関に吸収合併させて事務の引継ぎを行ない、翌日の月曜日には看板だけ変えて営業するのが常であった。

ところで、これまではこの二～三日と極めて短期間で破綻処理が行なわれたわけだが、それは行政主導で破綻処理が行なわれたからである。預金は全額保護されるから、破綻した銀行を引き受ける側としてはほとんど金銭的なデメリットが生じなかった。そして、その引き受け手についても行政側が打診したりするなどサポートを受けながら、スムーズに引継ぎは行なわれた。

しかし、これから厳格にペイオフが適用されるとなると、このようなスムーズな破綻処理は望めないかもしれない。破綻した銀行は預金をどこまでカットするかを計算する必要があり、引き受け手の負担も増加する。見積りが甘ければ金銭的な負担を負うことになるかもしれないため、慎重にもなるだろう。

そのため、銀行が金曜日に破綻手続きに入ったあと、翌週の月曜日になっても処理が終わらずしばらく窓口が開かない可能性も出てくる。その時は、普通預金や決済用預金であっても一時的に出金できない事態になるかもしれないので、やはり円預金の口座は一つの銀行に集中するのではなく、複数保有しておいた方がよい。また、外貨預金の口座はペイオフによる保護の対象外となるので、ドルで保有する場合は預金以外の形を考えた方がよい。

銀行の週末破綻は計画的に実行されるため、まだマシかもしれない。本当に危なくなった時には、週末を待たずに破綻するだろう。アメリカで二〇〇八年に起きた金融機関の破綻劇を思い出してほしい。二〇〇八年の金融危機は、九月一五日に破綻したリーマン・ブラザーズを皮切りに発生したわけだが、その日は週末ではなく週明けすぐの月曜日なのである。こういう破綻は、計画的ではない〝突然死〟である。そして今後、このような〝週末を待たずしての破綻〟が日本で何度も起きた場合には要注意である。すでに行政主導では破綻処理ができない状態に陥っているわけで、本当に危険な状態である証なのである。

ところで、銀行が実際に破綻をすると、それがほかの銀行にも悪影響をおよぼすことは十分考えられる。銀行はお互いに貸し借りを行なっているため、一つの銀行破綻が複数の銀行の破綻を招く可能性が生じる。銀行の連鎖破綻とい

日本国内の預金の持ち方についての注意点

ポイント①

円預金は1000万円以内は「普通預金」で可。それを超えたら「決済用預金」を活用

ポイント②

銀行口座は一行に集中させず、複数行で分散保有する

ポイント③

銀行破綻は金曜日に気を付ける。ただし、本当に注意するべきは週末以外に銀行が破綻すること

ポイント④

米ドルを国内の「米ドル預金口座」で保有してはいけない

う事態だ。

そうなると、気を付けたいのは取り付け騒ぎを原因とする預金封鎖である。一行、二行くらいであれば、日銀、そして政府が連携しながら銀行救済に乗り出し、預金者は本格的なパニックにはならないだろう。しかし連鎖破綻になると、日銀も政府も対応に苦慮するだろうし、何より預金者はかなりの不安を感じる。たとえまったく健全な財務状況の銀行に預金していたとしても、他行の相次ぐ破綻を目の当たりにすると預金者は不安を感じて預金をおろそうと窓口に殺到するかもしれない。実際に海外の事例では、金融危機になると預金者は銀行に群がり、我先に預金を引き出そうとしている。

国家破産の常連国であるアルゼンチンでは、そういった事態には慣れているはずなのだが、やはり金融危機が起きると預金を引き出しにＡＴＭに長蛇の列ができる。そして、最初に並んだ人は無事に預金を引き出すことができるが、しばらくするとＡＴＭの中のお札が空っぽになり、引き出すことができなくなる。そして、いよいよ本格的なパニックになったりするわけだが、政府はそれを見て引き出し制限を行なったりする。ギリシャ危機の影響から銀行中心に金融危機を起こしたキプロスは、政府が一旦銀行を封鎖して預金を引き出せなくしている。このように銀行の連鎖破綻が生じた場合には、取り付け騒ぎを原因とする預金封鎖が生じる可能性が高いため注意が必要だ。

その時に役立つのは、あとから解説する「現物」である。いくら健全性の高い銀行に預けていたとしても取り付け騒ぎが生じる可能性は否定できず、事前に必ず準備しておいた方がよい。

財産税はほぼすべての資産、封鎖はすべての金融機関が対象に

日本における国家破産による金融機関への影響について考える時、参考になるのが〝戦後の預金封鎖〟である。これは、財産税とセットで行なわれている。

戦後すぐ実施された財産税については、昭和二一年一一月一一日法律五二号の財産税法によって細かく定まっており、その対象となる資産は「一部の例外

を除いて保有している資産すべて」であった。預金はもちろん株式や保険、土地、金《きん》や骨董品などあらゆるものがすべて課税の対象になっている。それを自己申告制にしたわけだが、一方で支払いを拒否して手元に隠してしまわないように、課税が終わるまで預金が封鎖されたのである。

では、株式はどうだったのかと言えば、実はこの戦後の預金封鎖が行なわれた時期は、証券取引所自体が閉鎖していた。当時、株式の取引は戦中の一九四二年に設立した日本証券取引所が一元管理していた。それが、敗戦濃厚となった一九四五年八月九日に大蔵省から臨時休業が発表され、翌日一〇日から立ち合いが停止された。そして、この八月九日が日本証券取引所での最後の取引となり、戦後立ち合いは再開されることなく、一九四七年にこの取引所は解散になっている。

解散の背景には、戦後の日本を管理していたＧＨＱの存在があった。当初ＧＨＱは、戦後一〇年は日本で株式の取引所を認めない予定だったが、当時の証券業関係者の粘り強い交渉などもあり、戦後一〇年を待たずに一九四九年東京証券取引所が設立され、その年の五月一六日から取引所が再開されている。つまり、一九四五年八月九日から一九四九年五月一六日までは、株式は取引所での取引ができない〝空白の時代〟があったのである。

ただ、もし証券取引所がそのまま開いていれば、預金と同様に封鎖措置が採られていた可能性が高い。これは戦中のことだが、国家の最高機密であった軍需関連の銘柄が売られると証券会社の役員が憲兵から家宅捜査を受け、誰が売ったのかを追求されることがあったそうだ。つまり、取引所は完全に国によって管理されていたわけで、取引が続いていれば預金と一緒に封鎖されていた可能性が極めて高かったのである。

一方で、取引所は存在していなかったが株式を保有していた人は、生活に困るとその株式を換金していたという。取引所がないのにどうしていたかと言えば、路上での「相対取引」である。当時はまだ今の「ほふり」（証券保管振替機構）のような組織はなく、株式は現物として存在していたのである。だから、自宅のタンスなどに入れておくことができた。そして、自己申告制である財産税の対象ではあったものの、それを申告せず乗り切った人もいたと聞いている。今は一般的な上場株であればすべて電子化されてほふりに保管されているため、現物で保管しておくことはできない。すべてが証券会社によって把握されている状態だから、いざとなれば国は預金と同様に封鎖することも考えられる。

国によって把握されているのは、預金や株式だけではない。国内の資産は、ほぼすべてがガラス張りの状態である。生命保険は、二〇〇万円を超える契約は本人確認が求められる。金《きん》（ゴールド）の売買にも本人確認が必要で、二〇〇万円を超える売却については自動的に所轄の税務署に連絡がされる。

一方、海外の資産も国外財産調書の提出やＣＲＳ（ＯＥＣＤ主導による共通報告基準）による海外資産の自動情報交換により、資産の把握が進んでいる。もちろん海外送金する際に銀行の窓口で送り先についての細かな情報は把握されており、金額が一〇〇万円を超えるとやはりこれも所轄の税務署に自動的に連絡される。二〇二二年四月からは、秘匿性が高いと言われていた暗号資産も、どこに送金されるのか移動先の把握が始まっている。いまや、国民の資産については膨大な情報が、自動的に国に垂れ流されているのである。

そして、しばらくするとこのように垂れ流された情報が自動的につながり、国民の保有している資産の情報が国に筒抜けになる日がやってくるだろう。今、政府が懸命に推し進めている〝マイナンバーによる紐付け〟である。それにより、今は各省ごとに断片的に保存されている情報が集約されて管理され、資産の細部にわたるところまで把握されても不思議はない。金融機関を通じて保有しているものはことごとく把握され、いざとなればそれらの金融機関が封鎖されるという事態を想定しておく必要がある。

そうした中でも比較的安全性の高いものは、「現物」である。現物とは、具体的に「円現金」「米ドル現金」「金《きん》現物」「ダイヤモンド現物」の四点セットが基本だ。ほかに、ワインやウイスキー、アンティークコイン、カバンなどの現物も挙げられるが、流動性や手軽さを考えると先の四点セットにはおよばない。

この現物四点セットについては、取得方法や保管場所など注意が必要なのでそれらについては後述しよう。また、現物四点セットには安全性の面でおよばないが、国内の銀行預金よりも国内の有価証券の方が、それよりも海外資産の方が安全な資産になるので、それらも合わせて分散しておくのがよい。

国内における米ドルの保有の仕方

現物四点セットの中にある米ドル現金を含めて、国家破産対策として米ドルの保有の仕方をどうすればよいか考えてみよう。

ただ、その前にこれも「現物四点セット」の中にあるが「円現金」について少し触れておく。円現金は数ヵ月分の生活費を手元に置いておいた方がよい。銀行が破綻したり、国の規制により金融機関が封鎖されたりすると、一時的に資金を引き出すことが困難になるだろう。その当面の生活費として、円現金は必須である。また金融機関が封鎖された場合、部分的に解除されて一世帯あたり一月、たとえば二〇万円などと引き出し制限が掛かる可能性は高い。このような引き出し制限が掛かっている中で、足りない分を補う目的としても円現金

財産税に対処するための注意点

ポイント⑤

ほとんどの資産はすでに国に把握されている、またはこれから把握されるものと覚悟する

ポイント⑥

日本の金融機関にある資産は、国が封鎖しようと考えれば封鎖できるものである

ポイント⑦

安全性の高い現物４点セット「円現金」「米ドル現金」「金現物」「ダイヤモンド現物」を上手く活用する

は必要である。

円現金と同じように、「米ドル現金」も数ヵ月分の生活費分は手元に置いておいた方がよい。急激なインフレが起きている中で円の価値がどんどん失われている状況であれば、日本でも円ではなく米ドル決済を優先するお店が出てきても不思議はない。ただ、この米ドル現金を保有する時に気を付けたいのは、その紙幣の種類である。日本では元々大量の米ドル現金を保有しているお店はないだろうから、小銭の用意は期待できない。そうなると、少額の買い物で一〇〇ドル札を出した時、「おつりがない」と断られることも出てくるだろう。なるべくまとめて買い物をしたりするだろうが、インフレ時には物が不足することが多く、その場にある物を小刻みに購入しなければならないかもしれない。そのため、あらかじめ小銭を保管しておくことも考えた方がよい。米ドル現金を一〇〇ドル札だけでなく、五〇ドル札、二〇ドル札、一〇ドル札、五ドル札、一ドル札、さすがにその下のコインまでは必要ないが、お札はあらゆる種類、特に少額紙幣をある程度持っておいた方がよい。

また日本では二〇二四年に行なわれるが、紙幣はたまに刷新されるので、この点も注意が必要だ。そもそも新しい紙幣を刷る大きな要因として偽札防止が挙げられるので、古い紙幣をずっと持っていると偽札と疑われてしまう可能性が出てくる。旧紙幣になると本土、アメリカであれば使い道はあるだろうが、日本やほかの国でそれを使おうとした際、「本物かどうかの見分けが付かない」といった理由で受け取り拒否されるかもしれない。

さらに、米ドル現金を調達する場所は一昔前よりかなり限られてきているのが現状である。少し前は多くの銀行が業務として米ドル現金を扱っていたが、現在はほとんどの銀行が取り扱いを止めている。そのため、大手銀行の窓口に行っても米ドル現金は手に入らない状況なのだ。だから米ドル現金に交換するには、まだ扱っている銀行や空港や市内の両替商で行なうことになる。交換時の手数料は業者によって異なるので、信頼できる安いところを探してほしい。

米ドル現金はあくまで一部であるが、国家破産対策として米ドル建ての資産はメインで保有してほしい。少なくとも全資産の半分、人によっては七〜八割を米ドル建ての資産にしてしまって構わない。

そして国内の米ドル建ての資産には、「米ドルＭＭＦ」をお勧めしておこう。米ドルの預金は、預け入れ先が破綻すると返還されないかもしれない。それに対して米ドルＭＭＦは証券会社で取り扱いがあるが、それは証券会社に預け入れをしているわけではない。証券会社はあくまで窓口で、分別管理を行なっている。そのため金融危機で証券会社が破綻しても米ドルＭＭＦはその運用さえしっかりしていれば、別の金融機関に引き継がれたりするなどしてきちんと返金される。

肝心の運用は、これまで二〇〇八年の金融危機の際でも日本で扱っていた米ドルＭＭＦは元本割れをしていないので、極めて安全性は高いと言える。それでいて年三・六％ほどの利回りを得ることができる（二〇二二年一一月時点）。そして、換金性は高いため、いよいよ国家破産で金融機関が封鎖されそうな怪しい状況になれば、すぐに引き出して対応することができる。国家破産に陥るまでしばらく様子見したい場合などに、かなり活用できる。

円現金・米ドル現金・米ドルMMFの保有の際の注意点

ポイント⑧

当面の生活費として数ヵ月分の「円現金」を保有しておく

ポイント⑨

生活費の数ヵ月分の「米ドル現金」も保有しておく。その際、おつりに困らないよう少額紙幣も混ぜておく

ポイント⑩

全資産の半分～８割を米ドル建てとする。米ドル現金は一部で、残りは「米ドルMMF」を活用する

金《きん》（ゴールド）は、買ったところで売却するのがセオリー

次に、「金《きん》の現物」を見てみよう。金《きん》は簡単に日本円で売買できるが、世界の金《きん》取引は原則として米ドル建てで行なわれている。では、金《きん》は米ドル建ての資産であるかと言えば、そうではない。金《きん》はそれ自体に価値があるもので、価格は円とも米ドルとも異なる。金《きん》は古来よりそのものに価値が認められ重宝されており、その長い歴史からも価格がゼロになることはまったく考えられず、今なお希少金属として輝きを放っている。

そのため、〝有事の金《きん》〟と言われる通り、世界規模の有事が起きればその価値は急騰することが多く、いつの時代も資産の分散先として光り輝いている。

こういった背景から私は長年にわたり、何度も書籍などで金《きん》への分散をお勧めしてきており、ずいぶんと昔にはその分散比率を「全資産の五％」とお伝えしてきた。しかし、昨今の国の財政状況を鑑みながら最近では「全資産の一

○%」とお伝えしている。実は、一時期はそれ以上の比率でも構わないかと考えていたのだが、金《きん》には意外な弱点がいくつもあり、そのため今では金《きん》は一○%に留めて、ほかに「ダイヤモンド現物」への投資をお勧めしている。

では、金《きん》の弱点とは何かと言えば、①有事の特に大混乱の数年間には売れない、②没収の対象になる、③出所不明の金《きん》は引き取り手がない、④重くて持ち運びにくい、などである。それでは順番に見て行こう。

まず①〝有事に売れない〟は、まさかと思われたかもしれないが事実である。有事に強い金《きん》ではあるが、いざ有事の国家破産時に換金しようとすると実際にはできないのである。この事実は、実際にロシアで国家破産を経験した市民からのインタビューでわかった。これは②〝没収の対象になる〟にも絡んでくるのだが、ある財政学者がコメントしている通り、国は時に暴力装置になり得る。そして、あらゆる資産を没収の対象にするわけで、金《きん》もその対象に含まれる。そのため、有事の際に国の管理に置かれている業者で金《きん》を売却するわけにも行かない。そこで登場するのが、〝闇市〟である。

国家破産を経験した国では、市中での物々交換が一般的になる。自国の通貨が暴落しているわけで、生活費に困った人が物々交換を行なったり、お金になりそうなものを売却したりしようとする。そういった市場で金《きん》を売却しようとしても、金《きん》は偽物が出回るため誰も怖くて換金してくれないのである。

金《きん》は極めて比重が高いため偽造は難しいとされるが、それでもタングステンやニッケルといった比重の近い金属を用いて巧妙に偽装する例もある。だからきちんとした業者では金《きん》を一度溶かしてからしか引き取らないのが一般的だ。

こういったところが、③で指摘した出所不明の金《きん》が敬遠される要因で、しかも最近ではマネーロンダリング防止ということで海外の金《きん》を国内の業者が引き受けないことが多くなっているので、その点も注意が必要だ。

また、国家破産対策として金《きん》を購入する際には、必ず現物で保管しておいてほしい。業者に預かってもらっていると、国の指導により〝没収〟という可能性もある。ただ、かなりの富裕層の方は現物で保管する際の金《きん》の重たさに要注意である。現在は金《きん》一グラム＝八五〇〇円ほど（田中貴金属工業での二〇二二年一二月末の店頭小売価格は八五一九円）で、一キログラムだと八五〇万円である。全資産が一億円と言う方は、その約一〇％で一キログラムの金《きん》であればまだ何とかなる。ただ全資産がその一〇倍以上あると、金《きん》が一〇キログラム以上ということで保管場所にも困るし、何よりいざ災害などで逃げようとする時に容易に持ち運べないということが起きる。そのため、資産家の方ほど金《きん》の比率は下げざるを得ず、代わりの分散先を検討する必要がある。

金《きん》は買ったところで売却するのが基本で、それも購入時の書類をきちんと保管しておいた上でのことだ。そして、金《きん》は有事（＝国家破産）の際に資産価値を減らさないという点では強力な武器になるが、実際の売却はその有事が落ち着いてからになる。

ダイヤモンドはきちんとした相場がある

金《きん》現物のほかにお勧めしたいものは、「ダイヤモンドの現物」である。ダイヤモンドは一カラット、二カラットと数が大きくなるにつれて粒が大きくなるが、正確にはカラットは重さを表す単位で一カラットは〇・二グラムである。品質の良いダイヤモンドであれば一カラットで一〇〇万円以上する。

これからわかる通り、ダイヤモンドは金《きん》とは異なり驚くほど軽量で価値があるものだ。一カラットのダイヤモンドが一〇粒あれば二グラムで、それだけで一〇〇〇万円以上の価値がある。この持ち運びの手軽さから、昔から超富裕層はダイヤモンドを好み、特に国を跨《また》いで移動する必要があったり、資産没収から守る必要があったりする際に重宝されていた。極端な話、数億円規模の資産家であってもそれをすべてダイヤモンドにして、スーツの上着の内ポケットに全財産を入れて移動することすら可能なのだ。

実際に、そのようなダイヤモンドの有用性に気付いて活用した人物がいる。藤田嗣治、通称レオナール・フジタと呼ばれた日本人画家である。フジタは第一次世界大戦、第二次世界大戦の激動の時代を生きており、第二次世界大戦後に行なわれた日本国政府による財産没収から見事に難を免れている。彼が採った驚くべき方法は、資産をすべてダイヤモンドにして絵の具のチューブに詰め込み、伝手《つて》があったフランスに亡命したのである。

また、同じく第二次世界大戦後のどさくさの時期にダイヤモンドを中心に宝飾品をかき集めてのし上がった人物がいる。戦後最大のフィクサーと呼ばれた児玉誉士夫だ。ダイヤモンドで築いた莫大な財力により、政財界を裏から意のままに操っていたそうだ。

元々ダイヤモンドはユダヤ人が牛耳ってきたもので、国を追われた時などの最悪の事態に陥った際の資産を保全する究極の手段として役立ってきた。普段であれば、単なる宝飾品としてそれほど必要性を感じないかもしれないが、国家破産という非常時には強力な防衛手段となるのだ。

では、ダイヤモンドはどれくらいの資産を持つ人が持つべきだろうか。前述した通り、超富裕層限定かと言えば決してそんなことはない。確かにダイヤモンドは超富裕層に好まれる資産保全の手段であるが、多少資産を保有している人であれば誰にでもお勧めである。目安としては、全資産が一〇〇〇万円以上の人は一つ以上保有した方がよい。超富裕層が好むということは、そういった人が相場を支えてくれるので、あまり値崩れしにくい。

そして、実はダイヤモンドには意外ときちんとした相場が存在する。ダイヤモンドのグレードは4つのＣ（ＣＡＲＡＴ《カラット》、ＣＯＬＯＲ《カラー》、ＣＬＡＲＩＴＹ《クラリティ》、ＣＵＴ《カット》）で評価される。「カラット」は重さ、「カラー」は色、「クラリティ」は透明度、「カット」は輝きを意味し、それぞれ等級がある。

その等級をいくつかの機関が鑑定しており、その中で世界標準として最も信頼されているのが「ＧＩＡの鑑定」である。ＧＩＡ（米国宝石学会）によって細かく分類された等級を基に、今度はラパポートグループがダイヤモンドの価格表を作成し、それを毎週木曜日に更新している。このラパポートの価格表こそが、プロがダイヤモンドの価格について参照している国際基準なのだ。プロの業者はその価格表を参考に、そこから七割や八割といった価格でダイヤモンドをやり取りするのである。一見値段があってないようにも見えるダイヤモンドは、実は意外と細かく定義付けられてきちんと相場が決まっているのである。

金（ゴールド）、ダイヤモンド保有の際の注意点

ポイント⑪

「金（ゴールド）」は、全資産の10％分を「現物」で保有する

ポイント⑫

金は有事には売れない。さらに没収の対象にすらなり得る。また出所のわからない金は売れず、原則買ったところで売却する

ポイント⑬

全資産1000万円以上であれば、「ダイヤモンド現物」を全資産の10％分は保有する

ポイント⑭

保有するダイヤモンドは、「GIAの鑑定書」が付いた品質の良い1～2カラットのルース（石）

ダイヤモンドの価格表は、ルースと呼ばれる研磨された石の状態での値段が表示されている。流通量が多いのは一～三カラットなので、実際の購入にはその辺りを狙うわけだが、特に流通の多い一～二カラットを複数個購入するのがよいだろう。なお、デパートで購入するとそのラパポートが提示する価格の二倍以上（一般的には三倍程度）はするので、まったくお勧めできない。この本の巻末に出てくる「ダイヤモンド投資情報センター」では、ダイヤモンドを格安で取引するための便利で簡単な購入方法をお伝えしているので、詳しくは巻末の二二五ページを見てほしい。

現物は保管場所に注意

円現金、米ドル現金、金《きん》、ダイヤモンドの現物四点セットは当然現物なので形として存在する。そこで出てくる問題は、保管場所をどこにするかということである。結論から申し上げると、保管場所も分散した方がよい。

まず、現物資産の保管先として自宅の金庫を考える人がほとんどだろう。その金庫での注意点としては、重さ一トンほどの防盗金庫をちゃんと利用しているかということだ。一般的に自宅用の金庫というのは耐火金庫が多い。火事の時に重要なものが燃えないように作られたもので、重さが一〇〇キログラム以内のものである。少し持ち上げようとすると確かに重たいものではあるが、これでは盗難防止にはまったくならない。それより何倍もの重さがある数百キロ程度の金庫でさえ、窃盗団に掛かれば台車に載せて簡単に持ち運びができるのだ。だから、盗難防止を考えた際には重さは一トン程度以上（最低七五〇キロあればＯＫ）で、下に鉄板を引き、床にボルトで止めておくぐらいの金庫でないと意味がないのだ。簡単に動かせる金庫は〝そこに重要なものが入れてある〟という目印となり、かえって危ないのである。

また、一トンの金庫を導入する時には、床が抜けないかどうかを事前にチェックすると同時に、搬入の際できる限り周囲に気付かれないようにすべきだ。一トン金庫と核シェルターの搬入は、内緒で行なうのが常識である。

では、一トン金庫を導入すれば防犯対策は十分かと言えば、そうではない。せっかく一トン金庫があっても、強盗に押し入られて刃物で脅されたら鍵を開けざるを得ず、中身を根こそぎ奪われてしまうだろう。そのため、防犯カメラを付けたり室内犬を飼ったりするなど、ほかの防犯対策を合わせて行なうことも重要だ。

さらに、金庫だけでなくほかの場所に保管することも検討したい。タンスや冷蔵庫といった場所は窃盗団にとっては想像しやすい場所なので、それ以外の、たとえば〝庭に埋める〟などの突拍子もない場所も考えられる。ただし、「まさかこんな場所に!?」というところに隠しておくと自分でもわからなくなったり、埋めた場所を忘れてしまったりしないように注意が必要だ。また、ダイヤモンド現物は冷凍庫に保管してはダメで、実際に「黒ずんでしまった」という声をいただいているので絶対にやめた方がよい。

別の保管場所として、自宅以外も選択肢に挙げられる。「銀行の貸金庫」などはその代表例であるが、金融機関の場合、国からの強制力が働くこともないと

現物資産を保管する際の注意点

ポイント⑮

「現物」は、保管先も分散する

ポイント⑯

金庫は、1トンほどの
「防盗金庫」を活用

は言えない。ロシアが国家破産した際、国は銀行の貸金庫まで開けさせて財産を没収したという。銀行預金と貸金庫では意味合いはまったく異なり、本来であれば貸金庫は本人以外手を付けることができない。しかし国家破産の非常時には、何が起きても不思議がないものとして対策を講じておくべきである。

守りを固める分散のまとめ

ここまで国内でできる国家破産に対する防衛を重視した対策を解説してきた。細かな点などを含め、ポイント①～⑯まで取り上げたのでそちらを一覧表にしておく。

以上が防衛に主眼を置いた分散だ。それぞれのポイントをよく確認いただいた上で、きちんと取り組んでほしい。その上で、〝勝つべきは攻なり〟の言葉を思い出し、この国家破産という大きく資産を殖やすチャンスをしっかりと活用してほしい（これについては、今後出版予定の『２０２６年日本国破産〈対策

国内でできる防衛を重視した分散

米ドル建て資産

少なくとも全資産の半分、人によっては
全資産の7～8割でもよい。
「米ドル現金」は生活費の数ヵ月分を保有。
国内では「米ドル預金」よりも
「米ドルMMF」を活用

円建て資産

「円現金」は生活費の数ヵ月分を保有。
預金は1000万円までは普通預金、
それを超えると決済性預金を活用。
預金口座は分散する

金（ゴールド）

全資産の10%を「現物」で保有

ダイヤモンド

全資産1000万円以上の方は、全資産の
10%を「現物」で保有

まとめ

ポイント⑨	生活費の数ヵ月分の「米ドル現金」も保有しておく。その際、おつりに困らないよう少額紙幣も混ぜておく
ポイント⑩	全資産の半分〜8割を米ドル建てとする。米ドル現金は一部で、残りは「米ドルMMF」を活用する
ポイント⑪	「金（ゴールド）」は、全資産の10%分を「現物」で保有する
ポイント⑫	金は有事には売れない。さらに没収の対象にすらなり得る。また出所のわからない金は売れず、原則買ったところで売却する
ポイント⑬	全資産が1000万円以上であれば、「ダイヤモンド現物」を全資産の10%分は保有する
ポイント⑭	保有するダイヤモンドは、「GIAの鑑定書」が付いた品質の良い1〜2カラットのルース（石）
ポイント⑮	「現物」は、保管先も分散する
ポイント⑯	金庫は、1トンほどの「防盗金庫」を活用

資産保有の全ポイント

ポイント①	円預金は1000万円以内は「普通預金」で可。それを超えたら「決済用預金」を活用
ポイント②	銀行口座は一行に集中させず、複数行で分散保有する
ポイント③	銀行破綻は金曜日に気を付ける。ただし、本当に注意するべきは週末以外に銀行が破綻すること
ポイント④	米ドルを「国内の米ドル預金口座」で保有してはいけない
ポイント⑤	ほとんどの資産はすでに国に把握されている、またはこれから把握されるものと覚悟する
ポイント⑥	日本の金融機関にある資産は、国が封鎖しようと考えれば封鎖できるものである
ポイント⑦	安全性の高い現物4点セット「円現金」「米ドル現金」「金現物」「ダイヤモンド現物」を上手く活用する
ポイント⑧	当面の生活費として数ヵ月分の「円現金」を保有しておく

編・下〉』を参考にしていただきたい）。

今、資産がそれほどないという方もこのチャンスをきちんとものにして、できれば今の資産を一〇倍、いや一〇〇倍以上にしていただきたい。しかも、それは国家破産によって価値がどんどん目減りする円建てではなく、ドル建ての話である。国内では株やオプションでチャンスを狙うこともできるし、海外を活用すればそのチャンスの幅はさらに広がる。

国家破産とは、きちんと対策を立てた方には一生に一度の大チャンスなのである。この攻めの資産運用については今後発刊予定の『２０２６年 日本国破産〈対策編・下〉』に任せて、今回はこの辺りで筆を置こう。

■今後、『20年ほったらかして1億円の老後資金を作ろう』『２０２６年 日本国破産〈対策編・下〉』『あなたが知らない本当の国家破産』（すべて仮題）を順次出版予定です。ご期待下さい。

浅井隆からの重要なお知らせ
——恐慌および国家破産を勝ち残るための具体的ノウハウ

二度とできない特別緊急講演会を収録したCD/DVD発売!

日本国政府の中枢で約半年前まで活躍されており、文藝春秋二〇二一年一一月号に「このままでは国家財政は破綻する」という衝撃のレポートを書いた、あの矢野康治前財務次官が、去る二〇二二年一一月一八日に読者の皆さんのために特別なご講演をされました。

今回、特別に当日のCD・DVDを発売いたします。内容は、矢野氏のご講演のほか、浅井隆からの鋭い質疑応答も盛り込んだもので、当日使用した資料もお付けします。ほかでは決して聞くことができない必聴のレクチャーなので、この機会にぜひお買い求め下さい。

「前財務次官 矢野康治氏特別緊急講演会 受講CD／DVD」

価格 CD 二万二〇〇〇円（送料込）
DVD 二万五〇〇〇円（送料込）
※ご入金確認後、準備が整い次第、順次お届けいたします。

■詳しいお問い合わせ先は、㈱第二海援隊（担当：齋藤）
TEL：〇三（三二九一）六一〇六 FAX：〇三（三二九一）六九〇〇
Eメール：info@dainikaientai.co.jp

厳しい時代を賢く生き残るために必要な情報を収集するために

私が以前から警告していた通り、いまや世界は歴史上最大最悪の約三京円という額の借金を抱え、それが新型コロナウイルスをきっかけとして二、三年以内に大逆回転しそうな情勢です。中でも日本国政府の借金は先進国中最悪で、この国はいつ破産してもおかしくない状況です。そんな中、あなたと家族の生活を守るためには、二つの情報収集が欠かせません。

一つは「国内外の経済情勢」に関する情報収集、もう一つは国家破産対策としての「海外ファンド」や「海外の銀行口座」に関する情報収集です。これらについては、新聞やテレビなどのメディアやインターネットでの情報収集だけでは十分とは言えません。私はかつて新聞社に勤務し、以前はテレビに出演をしたこともありますが、その経験から言えることは「新聞は参考情報。テレビはあくまでショー（エンターテインメント）」だということです。インターネットも含め、誰もが簡単に入手できる情報でこれからの激動の時代を生き残って行くことはできません。

皆さんにとって、最も大切なこの二つの情報収集には、第二海援隊グループ（代表：浅井隆）が提供する特殊な情報と具体的なノウハウをぜひご活用下さい。

◆浅井隆のナマの声が聞ける講演会

著者・浅井隆の講演会を開催いたします。二〇二三年は大阪・五月一二日

（金）、名古屋・五月一九日（金）、東京・五月二六日（金）、札幌・六月二日（金）で予定しております。経済の最新情報をお伝えすると共に、生き残りの具体的な対策を詳しく、わかりやすく解説いたします。

活字では伝えることのできない、肉声による貴重な情報にご期待下さい。

■詳しいお問い合わせ先は、㈱第二海援隊

TEL：〇三（三二九一）六一〇六　FAX：〇三（三二九一）六九〇〇

Eメール：info@dainikaientai.co.jp

◆〝恐慌および国家破産対策〟の入口「経済トレンドレポート」

電子版も好評配信中！

皆さんに特にお勧めしたいのが、浅井隆が取材した特殊な情報をいち早くお届けする「経済トレンドレポート」です。今まで、数多くの経済予測を的中させてきました。そうした特別な経済情報を年三三回（一〇日に一回）発行のレポートでお届けします。初心者や経済情報に慣れていない方にも読みやすい内容で、新聞やインターネットに先立つ情報や、大手マスコミとは異なる切り口からまとめた情報を掲載しています。

　さらにその中で、恐慌、国家破産に関する『特別緊急警告』『恐慌警報』『国家破産警報』も流しております。「激動の二一世紀を生き残るために対策をしなければならないことは理解したが、何から手を付ければよいかわからない」「経済情報をタイムリーに得たいが、難しい内容には付いて行けない」という方は、最低でもこの経済トレンドレポートをご購読下さい。年間、約三万円で生き残

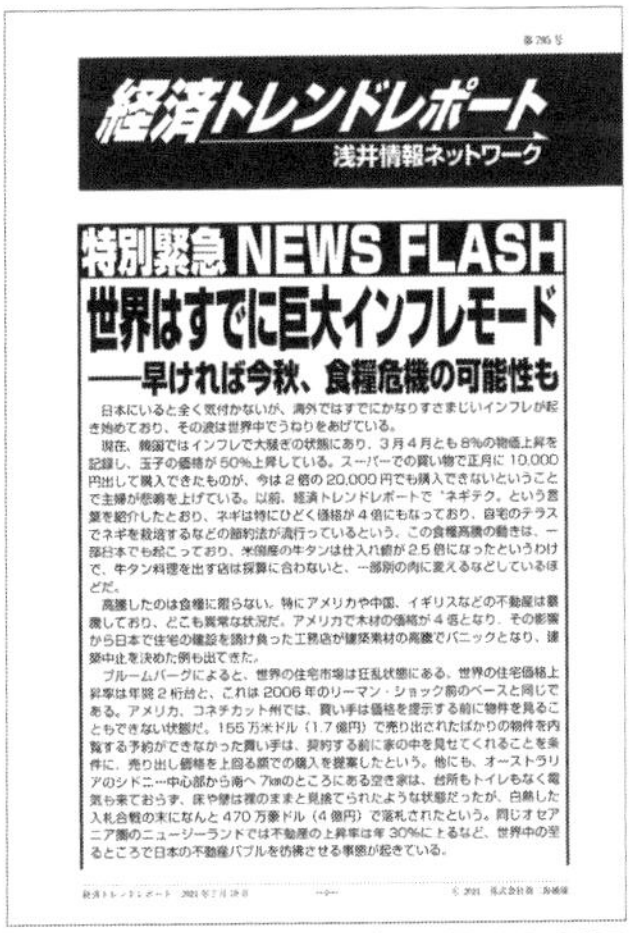
経済トレンドレポート
浅井情報ネットワーク

特別緊急 NEWS FLASH
世界はすでに巨大インフレモード
——早ければ今秋、食糧危機の可能性も

日本にいると全く気付かないが、海外ではすでにかなりすさまじいインフレが起き始めており、その波は世界中でうねりをあげている。

現在、韓国ではインフレで大騒ぎの状態にあり、3月4月とも8%の物価上昇を記録し、玉子の価格が50%上昇している。スーパーでの買い物で正月に10,000円出して購入できたものが、今は2倍の20,000円でも購入できないということで主婦が悲鳴を上げている。以前、経済トレンドレポートで"ネギテク"という言葉を紹介したとおり、ネギは特にひどく価格が4倍にもなっており、自宅のテラスでネギを栽培するなどの節約法が流行っているという。この食糧高騰の動きは、一部日本でも起こっており、米国産の牛タンは仕入れ値が2.5倍になったというわけで、牛タン料理を出す店は採算に合わないと、一部別の肉に変えるなどしているほどだ。

高騰したのは食糧に限らない。特にアメリカや中国、イギリスなどの不動産は暴騰しており、どこも異常な状況だ。アメリカで木材の価格が4倍となり、その影響から日本で住宅の建設を請け負った工務店が建築素材の高騰でパニックとなり、建築中止を決めた例も出てきた。

ブルームバーグによると、世界の住宅市場は狂乱状態にある。世界の住宅価格上昇率は年間2桁台と、これは2006年のリーマン・ショック前のペースと同じである。アメリカ、コネチカット州では、買い手は価格を提示する前に物件を見ることもできない状態だ。155万米ドル（1.7億円）で売り出されたばかりの物件を内覧する予約ができなかった買い手は、契約する前に家の中を見せてくれることを条件に、売り出し価格を上回る額での購入を提案したという。他にも、オーストラリアのシドニー中心部から南へ7kmのところにある空き家は、台所もトイレもなく電気も来ておらず、床や壁は裸のままと見捨てられたような状態だったが、白熱した入札合戦の末になんと470万豪ドル（4億円）で落札されたという。同じオセアニア圏のニュージーランドでは不動産の上昇率は年30%に上るなど、世界中の至るところで日本の不動産バブルを彷彿させる事態が起きている。

2021年7月10日号

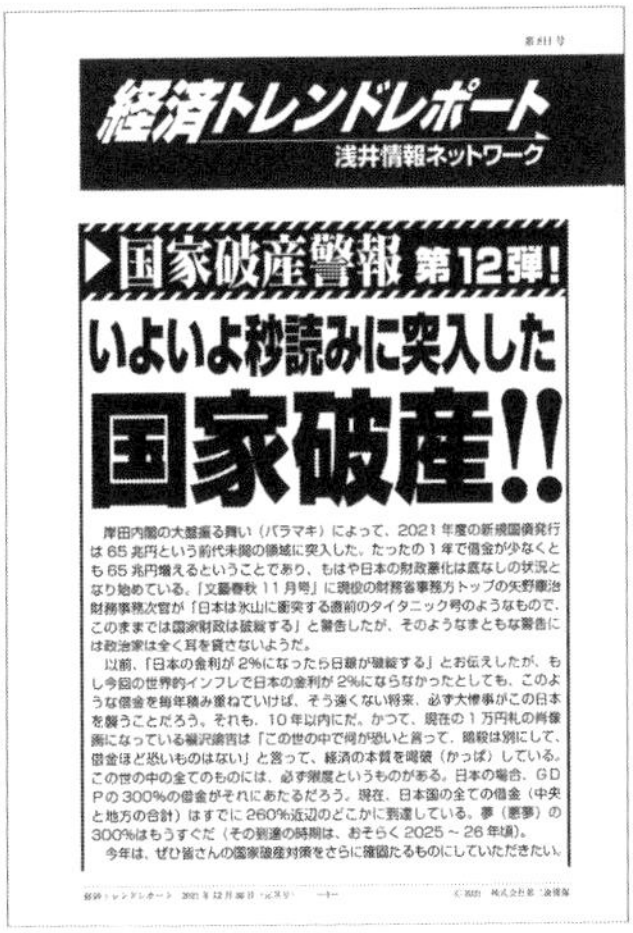
経済トレンドレポート
浅井情報ネットワーク

▶国家破産警報 第12弾！
いよいよ秒読みに突入した
国家破産!!

岸田内閣の大盤振る舞い（バラマキ）によって、2021年度の新規国債発行は65兆円という前代未聞の領域に突入した。たったの1年で借金が少なくとも65兆円増えるということであり、もはや日本の財政悪化は底なしの状況となり始めている。「文藝春秋11月号」に現役の財務省事務方トップの矢野康治財務事務次官が「日本は氷山に衝突する直前のタイタニック号のようなもので、このままでは国家財政は破綻する」と警告したが、そのようなまともな警告には政治家は全く耳を貸さないようだ。

以前、「日本の金利が2%になったら日銀が破綻する」とお伝えしたが、もし今回の世界的インフレで日本の金利が2%にならなかったとしても、このような借金を毎年積み重ねていけば、そう遠くない将来、必ず大惨事がこの日本を襲うことだろう。それも、10年以内にだ。かつて、現在の1万円札の肖像画になっている福沢諭吉は「この世の中で何が恐いと言って、暗殺は別にして、借金ほど恐いものはない」と言って、経済の本質を喝破（かっぱ）している。この世の中の全てのものには、必ず限度というものがある。日本の場合、GDPの300%の借金がそれにあたるだろう。現在、日本国の全ての借金（中央と地方の合計）はすでに260%近辺のどこかに到達している。夢（悪夢）の300%はもうすぐだ（その到達の時期は、おそらく2025～26年頃）。

今年は、ぜひ皆さんの国家破産対策をさらに確固たるものにしていただきたい。

2021年12月30日号
「経済トレンドレポート」は情報収集の手始めとしてぜひお読みいただきたい。

るための情報を得られます。また、経済トレンドレポートの会員になられますと、当社主催の講演会など様々な割引・特典を受けられます。

■詳しいお問い合わせ先は、㈱第二海援隊　担当：島崎

ＴＥＬ：〇三（三二九一）六一〇六　ＦＡＸ：〇三（三二九一）六九〇〇

Ｅメール：info@dainikaientai.co.jp

ホームページアドレス：http://www.dainikaientai.co.jp/

恐慌・国家破産への実践的な対策を伝授する会員制クラブ

◆「自分年金クラブ」「ロイヤル資産クラブ」「プラチナクラブ」

国家破産対策を本格的に実践したい方にぜひお勧めしたいのが、第二海援隊の一〇〇％子会社「株式会社日本インベストメント・リサーチ」（関東財務局長（金商）第九二六号）が運営する三つの会員制クラブ（**「自分年金クラブ」「ロイヤル資産クラブ」「プラチナクラブ」**）です。

まず、この三つのクラブについて簡単にご紹介しましょう。**「自分年金クラ**

ブ」は資産一〇〇〇〇万円未満の方向け、**「ロイヤル資産クラブ」**は資産一〇〇〇〇万～数千万円程度の方向け、そして最高峰の**「プラチナクラブ」**は資産一億円以上の方向け（ご入会条件は資産五〇〇〇〇万円以上）で、それぞれの資産規模に応じた魅力的な海外ファンドの銘柄情報や、国内外の金融機関の活用法に関する情報を提供しています。

恐慌・国家破産は、なんと言っても海外ファンドや海外口座といった「海外の活用」が極めて有効な対策となります。特に海外ファンドについては、私たちは早くからその有効性に注目し、二〇年以上にわたって世界中の銘柄を調査してまいりました。本物の実力を持つ海外ファンドの中には、恐慌や国家破産といった有事に実力を発揮するのみならず、平時には資産運用としても魅力的なパフォーマンスを示すものがあります。こうした情報を厳選してお届けするのが、三つの会員制クラブの最大の特長です。

その一例をご紹介しましょう。三クラブ共通で情報提供する「ＡＴファンド」は、年率五～七％程度の収益を安定的に挙げています。これは、たとえば年率七％なら三〇〇万円を預けると毎年約二〇万円の収益を複利で得られ、およそ一〇年で資産が二倍になる計算となります。しかもこのファンドは、二〇一四年の運用開始から一度もマイナスを計上したことがないという、極めて優秀な運用実績を残しています。日本国内の投資信託などではとても信じられない数字ですが、世界中を見渡せばこうした優れた銘柄はまだまだあるのです。

冒頭にご紹介した三つのクラブでは、「ATファンド」をはじめとしてより高い収益力が期待できる銘柄や、恐慌などの有事により強い力を期待できる銘柄など、様々な魅力を持ったファンド情報をお届けしています。なお、資産規模が大きいクラブほど、取り扱い銘柄数も多くなっております。

また、ファンドだけでなく金融機関選びも極めて重要です。単に有事にも耐え得る高い信頼性というだけでなく、各種手数料の優遇や有利な金利が設定されている、日本に居ながらにして海外の市場と取引ができるなど、金融機関も様々な特長を持っています。こうした中から、各クラブでは資産規模に適した、魅力的な条件を持つ国内外の金融機関に関する情報を提供し、またその活用方法についてもアドバイスしています。

その他、国内外の金融ルールや国内税制などに関する情報など資産防衛に有用な様々な情報を発信、会員の皆さんの資産に関するご相談にもお応えしております。浅井隆が長年研究・実践してきた国家破産対策のノウハウを、ぜひあなたの大切な資産防衛にお役立て下さい。

■詳しいお問い合わせは「㈱日本インベストメント・リサーチ」

TEL：〇三（三二九一）七二九一　FAX：〇三（三二九一）七二九二

Eメール：info@nihoninvest.co.jp

株で資産を作れる時代がやってきた！〝四つの株投資クラブ〟のご案内

一、「㊙株情報クラブ」

「㊙株情報クラブ」は、普通なかなか入手困難な日経平均の大きなトレンド、現物個別銘柄についての特殊な情報を少人数限定の会員制で提供するものです。

しかも、「ゴールド」と「シルバー」の二つの会があります。目標は、提供した情報の八割が予想通りの結果を生み、会員の皆さんの資産が中長期的に大きく殖えることです。そのために、日経平均については著名な「カギ足」アナリストの川上明氏が開発した「T1システム」による情報提供を行ないます。川上氏はこれまでも多くの日経平均の大転換を当てていますので、これからも当クラブに入会された方の大きな力になると思います。

また、その他の現物株（個別銘柄）については短期と中長期の二種類に分けて情報提供を行ないます。短期については川上明氏開発の「T14」「T16」という二つのシステムにより日本の上場銘柄をすべて追跡・監視し、特殊な買いサインが出ると即買いの情報を提供いたします。そして、買った値段から一〇％上昇したら即売却していただき、利益を確定します。この「T14」「T16」は、これまでのところ当たった実績が九八％という驚異的なものとなっております（二〇一五年一月～二〇二〇年六月におけるシミュレーション）。

さらに中長期的銘柄としては、浅井の特殊な人脈数人および第二海援隊の一

○○%子会社である㈱日本インベストメント・リサーチの専任スタッフが選び抜いた日・米・中三ヵ国の成長銘柄を情報提供いたします。特に、スイス在住の市場分析・研究家、吉田耕太郎氏の銘柄選びには定評があります。参考までに、吉田氏が選んだ三つの過去の銘柄の実績を挙げておきます（「㊙株情報クラブ」発足時の情報です）。

まず一番目は、二〇一三年に吉田氏が推奨した「フェイスブック」（現「メタ」）。当時二七ドルでしたが、それが三〇〇ドル超になっています。つまり、七〜八年で一〇倍というすさまじい成績を残しています。二番目の銘柄としては、「エヌビディア」です。こちらは二〇一七年、一〇〇ドルの時に推奨し、六〇〇ドル超となっていますので、四年で六倍以上です。さらに三番目の銘柄の「アマゾン」ですが、二〇一六年、七〇〇ドルの時に推奨し、三二〇〇ドル超です。こちらは五年で四・五倍です。こういった銘柄を中長期的に持つということは、皆さんの財産形成において大きく資産を殖やせるものと思われます。

そこで、「ゴールド」と「シルバー」の違いを説明いたしますと、「ゴールド」

は小さな銘柄も含めて年四～八銘柄を皆さんに推奨する予定です。これはあくまでも目標で年平均なので、多い年と少ない年があるのはご了承下さい。「シルバー」に関しては、小さな銘柄（売買が少なかったり、上場されてはいるが出来高が非常に少ないだけではなく時価総額も少なくてちょっとしたお金でも株価が大きく動く銘柄）は情報提供をいたしません。これは、情報提供をするとそれだけで上がる危険性があるためです（「ゴールド」は人数が少ないので小さな銘柄も情報提供いたします）。そのため、「シルバー」の推奨銘柄は年三～六銘柄と少なくなっております。

「ゴールド」はまさに少人数限定二〇名のみ、「シルバー」も六〇名限定となっております。「シルバー」は二次募集をする可能性もあります。

クラブは二〇二一年六月よりサービスを開始しており、すでに会員の皆さんへ有用な情報をお届けしております。

なお、二〇二一年六月二六日に無料説明会（「㊙株情報クラブ」「ボロ株クラブ」合同）を第二海援隊隣接セミナールームにて開催いたしました。その時の

ＣＤを二〇〇〇円（送料込み）にてお送りしますのでお問い合わせ下さい。

皆さんの資産を大きく殖やすという目的のこの二つのクラブは、皆さんに大変有益な情報提供ができると確信しております。奮ってご参加下さい。

■お問い合わせ先：㈱日本インベストメント・リサーチ「㊙株情報クラブ」

ＴＥＬ：〇三（三二九一）七二九一　ＦＡＸ：〇三（三二九一）七二九二

Ｅメール：info@nihoninvest.co.jp

二、「ボロ株クラブ」

コロナショック以降、世界中で前代未聞とも言える個人投資家の株ブームが巻き起こっています。背景には、「将来への不安」「現金からの逃避」（インフレ対策）といった事情があると報じられています。二〇二〇年に世界のＭ２（現金や預金に代表される広範なマネーサプライの指標）は、過去一五〇年で最大の増加を示したという分析がなされています。第二次世界大戦後の刺激策よりも多くのお金が氾濫しているといってよいでしょう。

こうした事情により、昨今の株ブームは一過性のものではない（想像しているより長期化する可能性が高い）と第二海援隊グループでは見ています。そこで読者の皆さんにおかれましても従来の海外ファンドに加えて株でも資産形成をしていただきたく思い、「㊙株情報クラブ」に加えてもう一つ株に特化した情報サービス（会員制クラブ）を創設いたしました。

その一つが、「ボロ株クラブ」です。「ボロ株」とは、主に株価が一〇〇円以下の銘柄を指します。何らかの理由で売り叩かれ、投資家から相手にされなくなった〝わけアリ〟の銘柄もたくさんあり、証券会社の営業マンがお勧めすることもありませんが、私たちはそこにこそ収益機会があると確信しています。

昨今、〝株〟と聞くと多くの方は成長の著しいアメリカのＩＣＴ（情報通信技術）関連の銘柄を思い浮かべるのではないでしょうか。アップルやＦＡＮＧ（フェイスブック〈現「メタ」〉、アマゾン、ネットフリックス、グーグル）、さらには大手ＥＶメーカーのテスラといったＩＣＴ銘柄の騰勢は目を見張るほどでした。しかし、こうした銘柄はボラティリティが高くよほどの〝腕〟が求められることでしょう。

「人の行く裏に道あり花の山」という相場の格言があります。「人はとかく群集心理で動きがちだ。いわゆる付和雷同である。ところが、それでは大きな成功は得られない。むしろ他人とは反対のことをやった方が、上手く行く場合が多い」とこの格言は説いています。すなわち、私たちはなかば見捨てられた銘柄にこそ大きなチャンスが眠っていると考えています。実際、「ボロ株」はしばしば大化けします。事実として先に開設されている「日米成長株投資クラブ」で情報提供した低位株（「ボロ株」を含む株価五〇〇円以下の銘柄）は、二〇一九～二〇年に多くの実績を残しました。

もちろん、やみくもに「ボロ株」を推奨して行くということではありません。弊社が懇意にしている「カギ足」アナリスト川上明氏の分析を中心に、さらには同氏が開発した自動売買判断システム「ＫＡＩ―解―」からの情報も取り入れ、短中長期すべてをカバーしたお勧めの取引（銘柄）をご紹介します。

構想から開発までに十数年を要した「ＫＡＩ」には、すでに多くの判断システムが組み込まれていますが、「ボロ株クラブ」ではその中から「T8」というシステムによる情報を取り入れています。T8の戦略を端的に説明しますと、「ある銘柄が急騰し、その後に反落、そしてさらにその後のリバウンド（反騰）を狙う」となります。

川上氏のより具体的な説明を加えましょう――「ある銘柄が急騰すると、利益確定に押され急落する局面が往々にしてあるが、出遅れ組の押し目が入りやすい。すなわち、急騰から反落の際には一度目の急騰の際に買い逃した投資家の買いが入りやすい」。過去の傾向からしても、およそ七割の確率でさらなるリバウンドが期待できるとのことです。そして、リバウンド相場は早く動くことが多いため、投資効率が良くデイトレーダーなどの個人投資家にとってはうって付けの戦略と言えます。川上氏は、生え抜きのエンジニアと一緒に一九九〇～二〇一四年末までのデータを使ってパラメータ（変数）を決定し、二〇一五年一月四日～二〇二〇年五月二〇日までの期間で模擬売買しています。すると、勝率八割以上という成績になりました。一銘柄ごとの平均リターンは約五％強ですが、「ボロ株クラブ」では、「T８」の判断を基に複数の銘柄を取引することで目標年率二〇％以上を目指します。

これら情報を複合的に活用することで、年率四〇％も可能だと考えています。年会費も第二海援隊グループの会員の皆さんにはそれぞれ割引サービスをご用意しております。詳しくは、お問い合わせ下さい。また、「ボロ株」の「時価総額や出来高が少ない」という性質上、無制限に会員様を募ることができません。一〇〇名を募集上限（第一次募集）とします。
■お問い合わせ先：㈱日本インベストメント・リサーチ「ボロ株クラブ」
TEL：〇三（三二九一）七二九一　FAX：〇三（三二九一）七二九二
Eメール：info@nihoninvest.co.jp

三、「日米成長株投資クラブ」

「コロナショック」とその後の世界各国の経済対策によって、世界の経済は「大インフレ時代」に向かいつつあります。それに先んじて、株式市場はすでに

「コロナバブル」というよりも「株インフレ」と形容すべきトレンドに突入した感があります。こうした時代には、株式が持つ価格変動リスクよりも、株を持たないことによるインフレリスクにより警戒すべきです。

また、これから突入する「激動と混乱」の時代には、ピンチとチャンスが混然一体となってやってきます。多くの人たちにとって混乱とはピンチですが、「資産家は恐慌時に生まれる」という言葉がある通り、トレンドをしっかりと見極め、適切な投資を行なえば資産を増大させる絶好の機会ともなり得ます。

私は、そうした時代の到来に先んじて二〇一八年から「日米成長株投資クラブ」を立ち上げ、株式に関する情報提供、助言を行なってきました。クラブの狙いは、株式投資に特化しつつも経済トレンドの変化にも対応するという、ほかにはないユニークな情報を提供する点です。現代最高の投資家であるウォーレン・バフェット氏とジョージ・ソロス氏の投資哲学を参考として、割安な株、成長期待の高い株を見極め、じっくり保有するバフェット的発想と、経済トレンドを見据えた大局観の投資判断を行なって行くソロス的手法を両立することで、大激動を逆手に取り、「一〇年後に資産一〇倍」を目指します。

経済トレンド分析には、私が長年信頼するテクニカル分析の専門家、川上明氏による「カギ足分析」を主軸としつつ、長年多角的に経済トレンドの分析を行なってきた浅井隆の知見も融合して行きます。川上氏のチャート分析は極めて強力で、たとえば日経平均では二八年間で約七割の驚異的な勝率を叩き出しています。

また、個別銘柄については発足から二〇二一年末までに延べ三〇銘柄強を情報提供してきましたが、多くの銘柄で良好な成績を残し、会員の皆さんに収益機会となる情報をお届けすることができました。これらの銘柄の中には、低位小型株から比較的大型のものまで含まれており、中には短期的に連日ストップ高を記録し数倍に大化けしたものもあります。

会員の皆さんには、こうした情報を十分に活用していただき、当クラブにて大激動をチャンスに変えて大いに資産形成を成功させていただきたいと考えております。ぜひこの機会を逃さずにお問い合わせ下さい。サービス内容は以下の通りです。

1．浅井隆、川上明氏（テクニカル分析専門家）が厳選する国内の有望銘柄の情報提供

2．株価暴落の予兆を分析し、株式売却タイミングを速報

3．日経平均先物、国債先物、為替先物の売り転換、買い転換タイミングを速報

4．バフェット的発想による、日米の超有望成長株銘柄を情報提供

■お問い合わせ先：㈱日本インベストメント・リサーチ「日米成長株投資クラブ」

TEL：〇三（三二九一）七二九一　FAX：〇三（三二九一）七二九二

Eメール：info@nihoninvest.co.jp

四、「オプション研究会」

「コロナ恐慌」の到来によって、世界はまったく新たな激動の局面に突入しました。この深刻な危機に対し、世界各国で「救済」という名のばら撒きが加速

しています。しかしながら、これは「超巨大恐慌」という私たちの想像を絶する怪物を呼び寄せる撒き餌にほかなりません。この異形の怪物は、日頃は鳴りを潜めていますが、ひとたび登場すれば私たちの生活を完膚なきまでに破壊し、資産を根こそぎ奪い去るだけに留まりません。最終的には国家すら食い殺し、破産させるほどに凶暴です。そして、次にこの怪物が登場した時、その犠牲の筆頭となる国は、天文学的な政府債務を有する日本になるでしょう。

このように、国家破産がいよいよ差し迫った危機になってくると、ただ座しているだけでは資産を守り、また殖やすことは極めて難しくなります。これからは様々な投資法や資産防衛法を理解し、必要に応じて実践できるかが生き残りのカギとなります。つまり、投資という武器を上手く使いこなすことこそが、激動の時代の「必須のスキル」となるのです。しかし、考え方を変えれば、これほど変化に富んだ、そして一発逆転すら可能な時代もないかもしれません。必要なスキルを身に付け、この状況を果敢に乗りこなせば、大きなチャンスを手にすることもできるわけです。積極的に打って出るのか、はたまた不安と恐怖に駆られながら無為にすごすのかは、「あなた次第」なのです。

現代は、実に様々な投資を誰でも比較的容易に実践することができます。しかしながら、それぞれの投資方法には固有の勘どころがあり、また魅力も異なります。戦国の世には様々な武器がありましたが、それらの武器にも勘どころや強みが異なっていたのとまさに同じというわけです。そして、これから到来する恐慌・国家破産時代において、最もその威力と輝きを増す「武器」こそが「オプション取引」というわけです。ここで、「オプション取引」の魅力をざっと確認しておきましょう。

・非常に短期（数日〜一週間程度）で数十倍〜一〇〇〇倍の利益を挙げることも可能
・「買い建て」取引のみに限定すれば、損失は投資額に限定できる
・恐慌、国家破産などで市場が大荒れするほどに収益機会が広がる
・最低投資額は一〇〇〇円（取引手数料は別途）
・株やFXと異なり、注目すべき銘柄は基本的に「日経平均」の動きのみ

・給与や年金とは分離して課税される（税率約二〇％）

もちろん、いかに強力な「武器」でも、上手く使いこなすことが重要です。もしあなたが、これからの激動期に「オプション取引」で挑んでみたいとお考えであれば、第二海援隊グループがその習熟を「情報」と「助言」で強力に支援いたします。二〇一八年一〇月に発足した「オプション研究会」では、オプション取引はおろか株式投資などほかの投資経験もないという方にも、道具の揃え方から基本知識の伝授、投資の心構え、市況変化に対する考え方や収益機会のとらえ方など初歩的な事柄から実践に至るまで懇切丁寧に指導いたします。

また二〇二一年秋には収益獲得のための新たな戦略「三〇％複利戦法」を開発し、会員様への情報提供を開始しました。オプション取引は、大きな収益を得られる可能性がある反面、収益局面を当てるのが難しいという傾向がありますが、新戦略では利益率を抑える代わりに勝率を上げることを目指しています。

こうした戦略も上手く使うことで、オプション取引の面白さを実感していただけると考えております。これからの「恐慌経由、国家破産」というピンチをチャンスに変えようという意欲がある方のご入会を心よりお待ちしています。
※なお、オプション研究会のご入会には、「日米成長株投資クラブ」の会員であることが条件となります。また、ご入会時には当社規定に基づく審査があります。あらかじめご了承下さい。

◆「オプション取引」習熟への近道を知るための「セミナーDVD・CD」発売中

「オプション取引」の習熟を全面支援し、また取引に参考となる市況情報なども提供する「オプション研究会」。その概要を知ることができる「DVD／CD」を用意しています。

■「オプション研究会 無料説明会 受講DVD／CD」■

浅井隆自らがオプション投資の魅力と活用のポイントについて解説し、また専任スタッフによる「オプション研究会」の具体的内容を説明した「オプション研究会 無料説明会」（二〇一八年一二月一五日開催）の模様を収録したDV

D／CDです。「浅井隆からのメッセージを直接聞いてみたい」「オプション研究会への理解を深めたい」という方は、ぜひご入手下さい。

「オプション研究会 無料説明会 受講DVD／CD」（約一六〇分）

価格　DVD　三〇〇〇円（送料込）／CD　二〇〇〇円（送料込）

※お申込み確認後、約一〇日で代金引換にてお届けいたします。

■以上、「オプション研究会」、DVD／CDに関するお問い合わせは、

㈱日本インベストメント・リサーチ「オプション研究会」担当：山内・稲垣・関

TEL：〇三（三二九一）七二九一　FAX：〇三（三二九一）七二九二

Eメール：info@nihoninvest.co.jp

他にも第二海援隊独自の〝特別情報〟をご提供

◆「ダイヤモンド投資情報センター」

現物資産を持つことで資産保全を考える場合、小さくて軽いダイヤモンドは持ち運びも簡単で、大変有効な手段と言えます。近代画壇の巨匠・藤田嗣治は

第二次世界大戦後、混乱する世界を渡り歩く際、資産として持っていたダイヤモンドを絵の具のチューブに隠して持ち出し、渡航後の糧にしました。金《きん》（ゴールド）だけの資産防衛では不安という方は、ダイヤモンドを検討するのも一手でしょう。しかし、ダイヤモンドの場合、金《きん》とは違って公的な市場が存在せず、専門の鑑定士がダイヤモンドの品質をそれぞれ一点ずつ評価して値段が決まるため、売り買いは金《きん》に比べるとかなり難しいという事情があります。そのため、信頼できる専門家や取り扱い店と巡り合えるかが、ダイヤモンドでの資産保全の成否の分かれ目です。

そこで、信頼できるルートを確保し業者間価格の数割引という価格での購入が可能で、ＧＩＡ（米国宝石学会）の鑑定書付きという海外に持ち運んでも適正価格での売却が可能な条件を備えたダイヤモンドの売買ができる情報を提供いたします。

ご関心がある方は「ダイヤモンド投資情報センター」にお問い合わせ下さい。

■お問い合わせ先：㈱第二海援隊　ＴＥＬ：〇三（三二九一）六一〇六　担当：大津

◆『浅井隆と行くニュージーランド視察ツアー』

南半球の小国でありながら独自の国家戦略を掲げる国、ニュージーランド。ロシアのウクライナ侵攻で世界中が騒然とする中、この国が今、「世界で最も安全な国」として脚光を浴びています。核や自然災害の脅威、資本主義の崩壊に備え、世界中の大富豪がニュージーランドに広大な土地を購入し、サバイバル施設を建設しています。さらに、財産の保全先（相続税、贈与税、キャピタルゲイン課税がありません）、移住先としてもこれ以上の国はないかもしれません。

そのニュージーランドを浅井隆と共に訪問する、「浅井隆と行くニュージーランド視察ツアー」を開催しております（次回は二〇二三年一一月に予定しております）。現地では、浅井の経済最新情報レクチャーもございます。内容の充実した素晴らしいツアーです。ぜひ、ご参加下さい。

■お問い合わせ先：㈱第二海援隊　TEL：〇三（三二九一）六一〇六　担当：大津

◆「核攻撃標的マップ」販売！

日本国土上の核攻撃目標となり得るところ（米軍関連基地、自衛隊のターゲットとなり得る基地、原発など、ロシアがターゲットとしている大都市）を大きな日本地図に書き込んだ地図を読者限定でお分けしたいと思います（消費税・送料込みで一枚三〇〇〇円）。さらに洋書『Nuclear Battlefields』（核戦場）に記された日本の危険な目標物をまとめたコピーも特典として同封します。ご希望の方は、ぜひお問い合わせ下さい。

■お問い合わせ先：TEL：〇三（三二九一）六一〇六　担当：齋藤

◆あなたの本を作ってみませんか

「これまでの人生をまとめた本を作りたい」「家族の思い出をまとめたい」「趣味の写真を本にしたい」「自分の会社の社史を編纂したい」……。人生の節目で、あなたの想いや足跡をかたちにしてみませんか？　私たち第二海援隊出版部がお手伝いをさせていただきます。漠然とした想いだけでも構いません。その方のご希望に沿った冊数（少部数でもご相談下さい）、形式、ご予算でご相談に乗らせていただきます。ぜひ一度ご相談下さい（原則、一般流通は致しません）。

■相談窓口：㈱第二海援隊　TEL：〇三（三二九一）一八二一　担当：山上

◆第二海援隊ホームページ

第二海援隊では様々な情報をインターネット上でも提供しております。詳しくは「第二海援隊ホームページ」をご覧下さい。私ども第二海援隊グループは、皆さんの大切な財産を経済変動や国家破産から守り殖やすためのあらゆる情報提供とお手伝いを全力で行ないます。

また、浅井隆によるコラム「天国と地獄」を連載中です。経済を中心に長期的な視野に立って浅井隆の海外をはじめ現地生取材の様子をレポートするなど、独自の視点からオリジナリティあふれる内容をお届けします。

■ホームページアドレス：http://www.dainikaientai.co.jp/

第二海援隊
ＨＰはこちら

〈参考文献〉

【新聞・通信社】

『日本経済新聞』『毎日新聞』『朝日新聞』『東京新聞』
『ブルームバーグ』『ロイター』

【書籍】

『ギリシャ人の真実』（柳田富美子著　講談社）

【拙著】

『2026 年日本国破産　現地突撃レポート編』（第二海援隊）
『ドル建て金持ち、円建て貧乏』（第二海援隊）『2010 年の衝撃』（第二海援隊）
『日本は第 2 のウクライナとなるのか⁉』（第二海援隊）
『徴兵・核武装論〈下〉』（第二海援隊）『株大暴落、恐慌目前！』（第二海援隊）
『2003 年日本国債破産〈対策編〉』（第二海援隊）
『小泉首相が死んでも本当の事を言わない理由〈下〉』（第二海援隊）
『2014 年日本国破産〈警告編〉』（第二海援隊）
『有事資産防衛　金か？　ダイヤか？』（第二海援隊）
『いよいよ政府があなたの財産を奪いにやってくる⁉』（第二海援隊）

【その他】

『大規模噴火時の広域降灰対策について
　―首都圏における降灰の影響と対策―〜富士山噴火をモデルケースに〜』（内閣府）
『現代ビジネス』『ロイヤル資産クラブレポート』

【ホームページ】

フリー百科事典『ウィキペディア』
『内閣府』『日本銀行』『世界通貨基金（IMF）』『国際金融協会（IIF）』
『米国労働統計局（BLS）』『連邦準備経済データ（FRED）』
『日経ビジネスオンライン』『東洋経済 online』『Business Insider Japan』
『NHK』『時事通信』『笹川平和財団』『野村総合研究所』『エコノミスト』
『人民日報（人民網）』『GOLD NEWS』『Foreign Affairs Japan』
『豊トラスティ証券』『外為ドットコム』『楽天証券』
『バイトル・ドットコム（ディップ株式会社）』『ニッポン・ドットコム』
『ピクテ・ジャパン』『金投資・価格の予想 おすすめサイト』

〈著者略歴〉

浅井　隆　（あさい　たかし）

経済ジャーナリスト。1954年東京都生まれ。学生時代から経済・社会問題に強い関心を持ち、早稲田大学政治経済学部在学中に環境問題研究会などを主宰。一方で学習塾の経営を手がけ学生ビジネスとして成功を収めるが、思うところあり、一転、海外放浪の旅に出る。帰国後、同校を中退し毎日新聞社に入社。写真記者として世界を股にかける過酷な勤務をこなす傍ら、経済の猛勉強に励みつつ独自の取材、執筆活動を展開する。現代日本の問題点、矛盾点に鋭いメスを入れる斬新な切り口は多数の月刊誌などで高い評価を受け、特に1990年東京株式市場暴落のナゾに迫る取材では一大センセーションを巻き起こす。

その後、バブル崩壊後の超円高や平成不況の長期化、金融機関の破綻など数々の経済予測を的中させてベストセラーを多発し、1994年に独立。1996年、従来にないまったく新しい形態の21世紀型情報商社「第二海援隊」を設立し、以後約20年、その経営に携わる一方、精力的に執筆・講演活動を続ける。

主な著書：『大不況サバイバル読本』『日本発、世界大恐慌！』（徳間書店）『95年の衝撃』（総合法令出版）『勝ち組の経済学』（小学館文庫）『次にくる波』（PHP研究所）『Human Destiny』（『9・11と金融危機はなぜ起きたか!?〈上〉〈下〉』英訳）『いよいよ政府があなたの財産を奪いにやってくる!?』『徴兵・核武装論〈上〉〈下〉』『最後のバブルそして金融崩壊『国家破産ベネズエラ突撃取材』『都銀、ゆうちょ、農林中金まで危ない!?』『デイトレ・ポンちゃん』『巨大インフレと国家破産』『年金ゼロでやる老後設計』『ボロ株投資で年率40%も夢じゃない!!』『2030年までに日経平均10万円、そして大インフレ襲来!!』『コロナでついに国家破産』『瞬間30%の巨大インフレがもうすぐやってくる!!』『老後資金枯渇』『2022年インフレ大襲来』『2026年日本国破産〈警告編〉』『日本は第2のウクライナとなるのか!?』『極東有事――あなたの町と家族が狙われている！』『2026年日本国破産〈あなたの身に何が起きるか編〉』『オレが香港ドルを暴落させる　ドル/円は150円経由200円へ！』『巨大食糧危機とガソリン200円突破』『2025年の大恐慌』『2026年日本国破産〈現地突撃レポート編〉』『1ドル＝200円時代がやってくる!!』『ドル建て金持ち、円建て貧乏』（第二海援隊）など多数。

2026年日本国破産〈対策編・上〉

2023年2月15日　初刷発行

著　者　浅井　隆
発行者　浅井　隆
発行所　株式会社　第二海援隊
〒101-0062
東京都千代田区神田駿河台２-５-１　住友不動産御茶ノ水ファーストビル８Ｆ
電話番号　03-3291-1821　　ＦＡＸ番号　03-3291-1820

印刷・製本／株式会社シナノ

　ISBN978-4-86335-231-5
Printed in Japan

第二海援隊発足にあたって

日本は今、重大な転換期にさしかかっています。にもかかわらず、私たちはこの極東の島国の上で独りよがりのパラダイムにどっぷり浸かって、まだ太平の世を謳歌しています。

しかし、世界はもう動き始めています。その意味で、現在の日本はあまりにも「幕末」に似ているのです。ただ、今の日本人には幕末の日本人と比べて、決定的に欠けているものがあります。それこそ、志と理念です。現在の日本は世界一の債権大国（＝金持ち国家）に登り詰めはしましたが、人間の志と資質という点では、貧弱な国家になりはててしまいました。それこそが、最大の危機といえるかもしれません。

そこで私は「二十一世紀の海援隊」の必要性を是非提唱したいのです。今日本に必要なのは、技術でも資本でもありません。志をもって大変革を遂げることのできる人物と、それを支える情報です。まさに、情報こそ〝力〟なのです。そこで私は本物の情報を発信するための「総合情報商社」および「出版社」こそ、今の日本に最も必要と気付き、自らそれを興そうと決心したのです。

しかし、私一人の力では微力です。是非皆様の力をお貸しいただき、二十一世紀の日本のために少しでも前進できますようご支援、ご協力をお願い申し上げる次第です。

浅井　隆